纸上低语是故乡

毛晓春◎著

天津出版传媒集团

天津人民出版社

乡土詩魂
心灵乐章

读晓春乡友随笔

雷達

二〇〇二年中国小说学会会长、著名评论家雷达为毛晓春随笔散文题词

故土上的喜忧欢愁

陈 涛

这段时间以来，从甘肃的小山村到山东的小镇，我一直都在阅读毛晓春先生的《纸上低语是故乡》。因身体状况欠佳，只好断断续续地读，两三个月的时间里认真读完了。甘肃的小山村与山东的小镇均是与我联系密切的地方，前者是我挂职两年的地方，后者则是我的出生地，它们对我而言都是故乡般的存在，所以，在这样的背景下阅读毛晓春先生的“乡愁”，无形中添了一份共鸣。

与毛晓春先生结识的时间不长，但也不算短了，可我始终无法用合适的词语去形容他。他在一家文化单位上班，酷爱书法与绘画，书法方面尤擅金错书，被誉为“金错书第一人”。他所绘就的竹兰鸟禽独具风格，寥寥几笔之下趣味尽显。他性格看似外向，实则倾于腼腆，尤其不善饮酒，却创办了一大大的酒厂，从厂房建造到设备引进、工艺选择再到酒瓶设计等无不是他亲力亲为，令我讶异。当然，在他所做过的事情当中，作家是他最为看重的一个身份，并且20多年来笔耕不辍，先后出版了多本文集，在文学方面的成绩也是越来越大。

《纸上低语是故乡》一书分为三部分，分别是乡愁、乡情、乡韵，总计50余篇文章。毛晓春先生偏爱短章，所以这些文章也多是一两千字的短文。从写作时间而言，这些文章的时间跨度大，既有20世纪90年代初期的作品，也有当下写就的。这些作品虽然分属不同的时间，但其内核终究离不开一个“情”字。毛晓春先生在书中所透出的“情”真挚而热烈，不掩饰亦不做作，读来触动颇深。在《我家的土炕》《故乡的杏树》《换粮》等作品中看到的是苦难如何将一个年轻人推向坚强与成熟；在《写给父亲、母亲》《我要在温爸坟头种香蕉》等作品中看到的是亲情之于一个年轻人的滋养与教育；在《他，永远是农民的儿子》《中学时就背你的诗》《霍老，这事我办好》等作品中看到的则是一个年轻人对前辈学者发自内心的坦诚与尊敬。正是由于这份真挚与热烈的“情”，一份本应独属个体的乡土记忆与生命体验具有了强大的感染力，让我们更加熟悉、了解了毛晓春先生。

近些年来，关于乡愁的文学作品很多，优秀的作品同样不少，每每读到，或感动或沉思，但总是很难去评说些什么，尤其是对于那些独属于作者的乡愁记忆，更是不敢言说，唯有静观细读。于我而言，在毛晓春先生的《纸上低语是故乡》中，看到毛晓春先生写如此多关于青少年时期的事情，关于自己、关于亲人与邻人、关于乡俗与美食等，虽然他常常会在文章结尾处写及自己只记得这些了，但他所记得的这些已然不少。我与毛晓春先生其实有着相同的经历，乡村长大，长大后离开，并在远离家乡的城市生活，看到他笔下的凉粉、浆水、土炕、电影等，同在异乡为异客，仿佛随他回到了自己的青少年时代。只可惜我所记得的人、事甚少，许多的事情都如云烟一般在岁月中消散了，不能不说是遗憾。

毛晓春先生的《纸上低语是故乡》是一部来自记忆深处的作品，见证了他的成长与人生，正如他在《我的生命和文学创作》中写到的那样：“这些写下的文字，反映着我的心声，反映着我的心境，从一个充满热血、充满梦想、充满抱负的青年，到一个孤独寂寞，饱经世间沧桑、冷眼的青年。”生活的困苦与磨难似乎让毛晓春先生变得沉沦，“虽然，我的生命还很年轻，我的路还很长，但我的心却已很苍老。我觉得我的年龄和我目前的心境是多么的不协调，就似一个身材矮小的人长着一个很大很大的脑袋。我的勇气在逐渐地逐渐地消磨下去，消磨下去。”但是他并没有真正被消磨，“这么多的伤害、痛苦、不幸、屈辱、人世的沧桑并没有使我厌世、沉沦，反而使我更增加了活下去、写下去的信心。”他通过这些作品为自己年轻时候的人生旅程留下了深情的记录，更为亲朋与故土留下了永恒的印记。

回得去的是家乡，回不去的才是故乡，青少年的那些人与事早已留在了过往的时光里，或美好或灰暗，均不可再回来。许多次回到家乡，每一次都会觉得家乡变得越来越陌生，曾经就读的学校早已破败不堪，迁去了别处；曾经的老建筑里，亲朋也已先后离开，有些甚至已不在人世；曾经繁华的街道趋于萧条，喧嚣不在，这一切无不令我心生感慨，但怅然过后，却又无可奈何，毕竟，努力生活，安然前行才是生活的永恒要义。

与毛晓春先生共勉。

2017年10月18日

目 录

CONTENTS

第一辑 乡 愁 / 001

第二辑 乡 情 /057

第三辑 乡 韵 /125

后 记 /193

第一辑 乡 愁

乡愁是一碗凉粉

每次回到家乡天水新阳镇，村里的大婶大妈都会极力夸耀说：

“别看你住在北京城，你们那里地方大，什么都有，可就没有咱新阳镇的凉粉，回来了多吃点，走时多拿点。咱这家乡的凉粉，联合国的秘书长都喜欢吃呢！”

每当说到此，她们都会眉飞色舞，一脸的自豪。

我的家乡新阳镇，因为有凤凰山，据说三国时诸葛亮曾在此点过兵拜过将，也因在南北朝时沿渭河筑城而载入史册，更因为有这凉粉而远近闻名了。

在那个闭塞、荒芜的年代，沿河城镇上的村民，就是周围山上人眼中所谓的“镇里人”。对周围的山上人来说能住到镇上是十分羡慕的事。镇上的村民，不但因定例日期的集市而自豪，因为四面八方的人都来镇上赶集而底气十足，山上的姑娘能嫁到镇上更是父母和她本人的梦想，谁家山上的女孩能嫁到镇上，父母常常会逢人夸耀：

“嫁了一个镇上的，去享福了。”

当然，在集镇四面山上住的所谓“山上人”的心里，也有瞧不上镇上人的时候，说镇上人是遛街边的，不好好干活，就想吃“飞食”。我母亲的姐姐，用时髦的称呼叫大姨，我们乡里却叫娅娅，十五六岁就嫁到了很远的山上。我的大姨夫每次来镇上赶集都要半夜起来摸黑从山上往集镇上走，一直走到晌午才能到集镇上。他回去就不止一次地对我大姨说我父亲干活不像山上人有劲，而且家里烧的柴火也没山上人的多，做饭的锅小，盛饭的碗也不大，都不好意思放开吃饱饭之类。作为没有多少土地耕种，只靠在集市上做点手工活销售，如织布、染布、打铁的集镇上人，地少、粮食少、口粮紧。因此，山上的亲戚来集镇上赶集串门，买一碗凉粉，用韭菜炒了当面的卤汁，做一大锅烩面片，对山上人来说就是最好的招待。

当然，那时山上人来集镇上赶集，走得浑身发热流汗，能吃一碗冰凉冰凉凉到心底的凉粉，就是最大的精神享受。

新阳镇集镇上的凉粉，和别处做的不同，是用山荞做的。在新阳镇人的心底，用什么淀粉、红薯、豆之类做的凉粉，那不叫凉粉。村上的妇女对山上人用淀粉做的凉粉，总会不屑地说：

“那算什么凉粉，有什么吃头。”

每到赶集日，山上人用驴马驮山荞来，集镇上人便买去做凉粉。集镇上人买了山荞，拿回去后在石磨上碾碎成颗粒状。集镇上人管这叫“荞糁子”，然后放在盆里，在水里浸泡半晚，等到凌晨荞糁子泡涨发软，天麻麻亮便放在案板上使劲揉搓，揉搓的时间越长越好。做出的凉粉也肉皮冻似的亮晶晶，嚼到嘴内滑溜溜很有韧劲，不轻易在嘴里软面似的化开。凉粉的具体做法是将揉搓成糊状的荞糁子放在细箩里。集镇上人将这种箩叫“蚂蚁箩”，是用马尾巴毛密织成。锅上放了木架子，把箩放上面，用水将揉成粉的糁子往下洗。洗到锅内的糁子汁直到稠得恰似于稀饭糊状为止。然后在锅内熬粥似的熬，村里人叫“馇粉凉”，熬到用木勺子伸到锅内稠泥似的浆搅不动时，便用瓷脸盆盛出来晾凉。第二天，一盆青色中透着微明，亮晶晶的荞凉粉便做成了。将切好的凉粉放到碗里，调上油泼辣子，爱吃大蒜的多放上点蒜泥。尤其夏天虽然嘴上吃得辣椒通红，满是油圈，但凉粉在肚内却透心凉。恰似北京人夏天吃冰糕，也算是集镇上人一种最美的享受。

我们村里有两家卖凉粉的。上庄王妈的凉粉村里人很少去吃，因为她身上的衣服常年很少换，袖口、胸前满是厚厚的油污，明晃晃发亮，用刀都能刮下来一层。大家觉得她做的凉粉不干净，便不去吃，只有下庄何妈的凉粉没有做熟时，没办法，才去买她家的凉粉。何妈的凉粉常常是由老伴来揉。男人手上有劲，揉出的凉粉也就柔筋筋好吃。

但何妈也有不讲卫生的时候，我印象最深至今都难忘的就是一天早晨端了碗去她家买凉粉。她正在猪圈内小便，好一会儿才出来，一边走一边正撩起衣服系裤腰带，到凉粉盆前，也不洗手，抓了一块凉粉就往碗里切。即使那样，父亲的一碗凉粉，他也只吃一半，舍不得吃，给我便留一半，这种习惯直到城里。有一次父亲按例吃了一半，剩余的照例给我吃，我死活不吃，父亲伤心了好多天，说我长大了，再不是个让他随便喂着吃的小孩子了。

新阳镇集镇上人切凉粉也很讲究，一片一片成弧线形状，两边薄，中间厚，像鱼肚一样的弧形，据说这样切的凉粉比较入味。后来看城里人切的薄片，再也没有了乡下吃凉粉的感觉了。如今，新阳镇集镇上的凉粉虽然还有卖的，却是用了半手工的机械做的。放到嘴里舌头一压软面条似的就化了，再没有小时吃凉粉的那种味道了。虽然村里也有纯手工做的，但也只有一两户，却成了热门户。每当村里人要进城看亲戚，城里的亲戚总不忘在电话中嘱咐一句：“千万别忘了捎一盆新阳镇的凉粉呀！”

2016 年 11 月

我家的土炕

我的童年是睡在土炕上度过的。因此，我心中永远保留着家乡那张土制的温暖“大床”。我曾躺在土炕上注视着老屋瓦缝中透进的光线而发呆，也曾躺在土炕上听妈妈讲一个个鬼怪故事，曾和弟弟钻到土炕的被窝中嬉闹，曾趴在土炕的窗子上，拿了绳子，伸在外面，院里撒了秕谷，用短棒支了竹箩捕鸟……

土炕就是我童年的梦

西北农村的土炕是用土坯做的。我们将做土炕的土坯叫“垍子”，将泥炕叫“盘炕”。盘炕首先要打垍子。有一个专门打垍子的木制的长方形框，长大约 15 厘米，宽有 30 厘米左右。垍子大约有一块砖的厚度，木框后面有一个木栓的机关，往里填土时套上机关，然后用下面有石碓的杵子使劲往下杵，到平整夯实后，用双脚抹去木框楞上的浮土，然后用后脚跟轻轻往后一碰，木框栓的机关便打开，一片垍子便制成了。轻轻将土垍子搬起，然后放到旁边早已平整好的地上一层一层砖似的摞起来，风干后用。会摞垍子的人，不但能摞得整齐，而且摞的一层一层的，很高；不会摞的人，摞不了几层就垮塌下来了。

父亲下放到农村，一切农活都得从头学起，打垍子盘炕就更不会，得从头来。第一次打垍子,父亲要三叔教他。父亲一晌午就用水泼好土，安好打垍子的木框，将土铲到木框内，等三叔来教他，但是到中午三叔也没有来。直到吃中午饭时，三叔才踱着方步进来。他不但不动手教，嘴里还不停地谩骂:“你不是有本事反对毛主席吗? 你还打什么垍子，盘什么炕，老婆娃娃睡炕道里得了……”竟骂骂咧咧地扬长而去。

在我的家乡，“睡炕道”就是对无能男人的蔑视。这下激怒了父亲和母亲,他们暗自发誓,别人不帮忙,自己来干,于是一个铲土，一个杵，一下午，自己打的土垍子便一层一层摞起来了。

晚上，三叔又踱着方步来看动静，一看父亲打成的土垍子，竟惊奇地说:“咦! 竟然也会打土垍子盘炕了!”从此以后,家里打垍子盘炕，都是父亲亲自动手弄，母亲常这样说以前的事。

在村里，盘炕是一门手艺，会盘炕的，泥的土炕不但不会塌，而且烧热后满炕热;不会泥炕的，泥的土炕不但四处冒烟点不着，而且怎么烧也烧不热，只费柴火。泥炕时，炕面的泥要加入比平时泥墙更多的柴草，黏性才会更大，才不至于塌陷。刚泥好的土炕，先是用温火烧，后才是大火，如果开始用大火烧，就会像瓷器似的烧炸裂，土炕便会四处冒烟。土炕烘干后，不能立即就睡人，还要放柴草在上面，说是让土炕发汗，发完汗后，土炕铺上席垫，才能睡人。那时看农村人的穷富，就看炕上的铺盖。富裕的，有铺有盖的被褥整整齐齐放在炕角;贫穷的，除了一条破被褥外，就一张光竹席，晚上就睡在炕席上。母亲一提起以前常常会感慨:“那时候穷得光巴怜系的，一家人就蜷在一条被窝里。晚上常常半个身子在外面，冻醒来。”母亲所说的“光巴怜系”,就是穷得什么也没有的意思。这竟成了母亲想起旧事的口头语。当我和弟弟高兴得满炕跳着闹腾时，母亲会赶紧大声地制止:“闹什么闹,跳塌炕,晚上睡炕道里去……”我和弟弟便一吐舌头,赶紧安静下来。

因此,土炕在我心底既是坚实、给我温暖的,又是脆弱、不堪一击的。

烧炕就更有学问。这是女人的事。母亲烧的炕满炕都热，睡到上面，热乎乎的能热到天亮。而姐姐她们烧的炕只热炕眼门口，也就是土炕烧柴火的入口处一片。脚伸下去，似乎伸到了烧红的铁锅上，烫得肉皮都发红，赶紧缩回来，一会儿，又冷得在被窝里缩成一团。一晚上睡觉都睡不踏实。

每当做完晚饭，便是村里家家烧炕的时候，将灶火中的热灰铲到炕道里，放上小麦粒皮退下的稃皮，乡下人叫“衣子”，赶紧填到炕道烧，到快睡觉时炕也就热起来了。每到晚上吃饭和早晨天麻麻亮时，都能听见炕道里咣当咣当的声音，那一定是母亲用专烧炕的推耙在平整炕道里的积灰了。烧炕用的推耙前面是个厚厚的方木墩，中间凿了眼，钉上木棍，便成了推耙。这常常成了姐姐之间打架争夺的“武器”。

村里人判定哪个女人勤快，哪个女人懒惰，也从这烧炕看出。勤快的女人，炕道常常推得平平整整，从不会堵塞，烧得满炕热；不勤快的女人，土炕中的灰从不推出，炕道的积灰堆得山似的，只烧炕道口的一处，土炕也就只热这一处，清理积灰只要清理，就连炕道垫底的积灰也倒掉，烧的土炕几天也热不起来，冰凉冰凉，人钻到被窝直打哆嗦。那时，每到早晨，女人们聚在一处最爱说的就是谁家的死鬼男人昨晚骂土炕没烧热呀，谁家土炕上的铺盖烧了一个大窟窿，谁家的孩子又尿炕了……

我那时小，睡觉常常尿炕，也常常在梦中迷迷糊糊地被父亲抱着挪地方，有时一晚上能挪两三处，常常是在早晨，母亲还在暖我尿湿的衣服。再到后来，有了煤，村里有钱的人家，买来一担面煤，烧土炕时卷在柴火里，也不再担心早晨土炕会冰凉，会被冻得缩成一团了。没有钱的，就像我们家，依旧能听见母亲天麻麻亮用推耙倒腾炕道、烧炕的声音，我和弟弟渐渐地又会在一股暖烘烘的热流中睡去。

进了城，和城里的孩子在一起，他们不但鄙夷我们的衣服粗糙破旧，更躲着不和我们在一起玩，据说就是躲我们身上的那种“土炕气”。

但我老怀念那种土炕的味道，怀念在我生活的记忆中渐渐远去的土炕，怀念父亲蹲在土炕角吧嗒吧嗒抽烟的身影，怀念我的童年，怀念我的故乡。

2016 年修改

我家有一缸正宗的酸菜浆水

我们西北天水人提起酸菜浆水，像外地人提起没熟透的杏一样，就不停地咽口水。在北京混了许多年，有时候，有些朋友会半开玩笑地说：

“毛老师，你怎么长得这样呀！”

我就开玩笑说，吃我们西北的酸菜洋芋多了，就成这样了。大家对于我说的话开始是大笑，既而很是愕然。我赶忙解释说，洋芋就是你们说的土豆，也就是书上说的马铃薯，酸菜也并非东北或四川的泡菜，而是西北人将菜发酵特制的一种带浓酸味的菜。朋友很为我们西北人为土豆起了“洋芋”这个别名而佩服，尤其是为能制这种奇特的“酸菜”而呐叹。

小时候，家里吃饭顿顿都离不开酸菜洋芋。就拿这洋芋来说，可有着许多种吃法，可以煮着吃、炒着吃、烧着吃、烤着吃；可以切成片、切成丝、切成块；可以切成两半，也可……

这酸菜洋芋，就似满汉全席一样，不知有多少种做法，以至于来北京后，第一次去麦当劳，见小小的一袋炸薯条就数十元，觉得怪不得说外国人不好，做人不地道，拿这玩意儿蒙中国人，去我们西北天水农村任何一个地方看看，谁家要做不出几道洋芋菜，那才奇怪呢！可是朋友解释说，这炸薯条是西洋人用秘法做的，概不外传，世界上多少人想知道这秘方呢！但我心里并不以为然，不就是将洋芋炸成薯条吗？有什么新鲜的。如果说洋芋能被炸出鸡腿味，那才说他们有能耐呢！

说到这洋芋，就不能不说到天水人的酸菜浆水，这是家乡人在灾荒年给主食里唯一掺和的“蔬菜”。记得小时候，每到冬天，大人一大早从地里干活回来，端着一碗热腾腾的糁面饭，饭上面堆一堆酸菜，和着洋芋，吃一口，酸菜凉而饭热，又凉又热，刚柔相济，正是到火候，寒冷的冬天吃得浑身热乎乎的,真是给你神仙也不做的舒服。这糁面饭，据明朝翰林学士天水籍人士胡缵宗言，又叫“缠头面”。它是用玉米面做的，做出来比面糊糊略稠，恰似北京人卖的嫩豆腐。用筷子快速夹起刚能放在嘴里。传说胡缵宗去江南做官时，江南的达官贵人看不起这位北方来的“土老帽”，便想法子捉弄他，第一天便故意给他上了一只鳖，看他怎么吃，看着他不动筷子不会吃的窘态窃笑。这位胡大人却不动声色，饭罢说，明天我请大家吃我们家乡的小吃。第二天他便让老婆做了一锅这玉米面糁饭，而且比平时的又稀了许多。吃饭时他让衙役将勺子都收去，换了竹筷。他说，我们西北人吃这饭有个讲究，用筷子挑一口糁饭要绕着脖子从脑后转一周然后才放进嘴里，结果他在那里吃得有滋有味，而江南这些达官贵人却吃得满衣领、后脑勺都是糁饭，很是狼狈。这个传说是否属实并不知晓，但其说明糁饭确是难做也难吃的。

当然，要吃这糁饭，就必须有酸菜，这糁饭里也要和土豆。缺一样，这饭都吃不踏实。记得每次只要母亲端来这玉米面的糁面饭，父亲总会急着追问：“怎么酸菜还不上来呀？”

也许，有人会说，你说的酸菜浆水不就是四川人做的泡菜吗？并非如此，四川的泡菜在于泡，泡的时间越长越好，而我们西北天水人的浆水在于发酵，发得越浓越好。做泡菜倒上醋就可以泡，而做我们的浆水，就必须有角（这里念 jué）子。这角子其实就是用发酵好的浆水做的引子。没有酸菜浆水角子，无论如何也做不成浆水。说起我们天水人做酸菜浆水，我便想起了历史上的干将莫邪铸剑。天水农村妇女要做浆水的那神圣时刻，不亚于干将莫邪的铸剑。

酸菜浆水的基本做法是先找一口烧制的陶瓷缸，煮一锅白菜叶，里面加点面成糊状，利于发酵，然后倒在缸内一两天即可吃了。做得好的酸菜浆水，菜是菜，浆水是浆水，清澈的浆水，可看见人影。

小时候，我只记得从缸里舀浆水吃，但很少知道酸菜浆水怎么做，那时候，家里穷，连白菜叶也不一定常有。母亲饭熟去缸里捞酸菜，常见她端一碗清清的浆水回来，上面只零星漂着几片菜叶，倒在锅里，只见黄黄的苞谷面条，天水人叫“玉米面浆水根根”，筷子般粗，吃到嘴里，又粗又糙，只有点儿浆水酸酸的味道。母亲常常给我和弟弟喂玉米面浆水根根，喂进去，我和弟弟从嘴里吐出来，母亲又喂进去，又吐出来。我常常哭，母亲为难得直抹眼泪。冬天，家里能压两缸酸菜，便是条件好的人家，天水人叫“压瓮菜”，满满一缸，菜上面压上石头，吃时搬开石头，夹出酸菜，和在饭里吃。我们家常常是压一缸“瓮菜”，进冬不几天就吃完，剩了的还是能看见人影的清清的浆水，而隔壁三婆家压的酸菜能吃到来年的开春，让人很是羡慕。

到了北京，有一次老乡聚会吃饭，说起家乡的酸菜浆水，大家热烈争论着酸菜浆水的做法，才知做浆水有着许多的讲究。据一位天水籍在外工作了几十年的老乡说，他家的酸菜浆水已做了三十多年。他走了很多地方，搬了无数次家，这酸菜浆水缸从没舍得丢弃，酸菜浆水也一直就没断顿过。他说，浆水汤近似于北京老字号的煮肉汤，时间越久越好，味道也越纯正。他老伴每天早晨起床的第一件事，就是把酸菜浆水缸内漂在表面的白花轻轻撇去，然后用筷子顺着一个方向搅动几下。他特别强调说，这酸菜浆水要特别勤快的女人才能做好，而且搅动这浆水绝不能用筷子在缸内乱搅，而要顺着一个方向搅。放酸菜浆水缸的地方不能太热，也不能太冷。太热容易坏，太冷也容易坏。以前，在天水娶个媳妇，首先要问会不会做浆水，会不会擀面条。说这是吃新媳妇的试手面，其实就是看酸菜浆水面做得好不好。说陕西有八大怪，其中一怪就是面条像裤腰带，这表面给人的感觉似乎是西北人不会做面条，做出的面条像裤腰带，实际上是说做出的面条特别有韧劲，柔筋筋特别好吃。同样，邻省的甘肃人更是以面条为主，当然也就把会不会做面条作为娶老婆的首要条件了。妻当时听到这里是连连地吐舌头。

做浆水面，是将缸里的浆水和酸菜捞出来，切点葱花或蒜瓣，油熬熟时放到锅内翻炒，看到葱花或蒜瓣在锅内变得微微焦黄时，将酸菜浆水倒里面，便香味四溢了。天水人叫“炝浆水”。据说炝得好的浆水，在村里很远的地方都能闻见呢！

在北京成家了，结束了一个人颠沛流离的生活。突然，思念起家乡那酸菜浆水酸酸的味道，而且这种思念越来越浓，几乎搅动得自己什么也干不成。于是，自己决定动手在家里做一缸酸菜浆水。

首先是找合适的酸菜浆水缸，家乡盛酸菜浆水的缸都是陶瓷缸。跑遍了半个北京城，才在一处城乡接合的集贸市场找到一个砂锅般大的小瓦缸。有了装酸菜浆水的器皿，更重要的还得有角子，也就是酸菜浆水引子。猛然想起上次在饭桌上吃饭时，朋友说他有个多年酸菜浆水的老乡。他家的酸菜浆水可是有几十年了，地道正宗的天水酸菜浆水哟。这就似以前的参加革命政审，首先得看祖宗八代，根正不正。于是下了决心，要做就做家乡正宗的浆水，我一定要在北京吃上家乡正宗的浆水。赶紧翻电话找了几个那天吃饭的熟人，才问到他家的电话。他老伴接的电话，刚开始不以为然，但当三番两次打她家的电话时，她便警觉起来，一再追问我找她老伴有什么重要的事。听我说只是想舀点他们家的浆水做引子，她便在电话那头咯咯地笑起来，很自豪的样子。

第二天，我坐了两个多小时的公共汽车，才找到他家。让我更惊喜的是他家人听说我来只是舀点浆水做引子，便像接待贵宾一样招呼我这位第一次谋面的小老乡。尤其，他老伴竟压低声音神秘地说，你来得正是时候，前两天老家来人刚捎来一点荞面，中午就做酸菜浆水面片。一听说做荞面面片，我眼睛都放亮了，猛咽口水，嘴里客气着，屁股在沙发上却坐得更踏实了。用荞面做酸菜浆水面片，在天水人心中不亚于吃满汉全席呀!

等端上饭来，他家人还客气地招呼我多吃菜时，我碗里的酸菜浆水饭只剩下了半碗。在连吃几碗肚子迅速鼓起之后，老乡的老伴用可乐瓶给我装上了满满一瓶浆水，叮嘱我回去就赶紧做。我讨教了酸菜浆水的详细做法之后，便兴冲冲地离开了他家。走在路上，提着沉沉的一瓶浆水，好似引进革命火种一般小心翼翼，不时低头看洒出来没有，也为洋人的这玩意儿能装我们家乡的土宝贝而庆幸。但是到乘坐地铁时，检票员不时看手里拎的瓶子，开始用异样的目光盯着我，接着便质问我瓶子里装的浑浊不堪的是什么东西。我极力解释说是我家乡的酸菜浆水引子。她还是不相信，非要打开，拿到鼻子前闻了闻才给我。到地铁里，大家见我不时低头看瓶子，都往旁边躲，还以为我装的是什么液体炸弹呢!

回到家，还未进门，我就对妻大声喊，我将“宝贝”要来了。我小心翼翼放到桌上，又匆匆去菜市场买菜。转遍了菜市场，也没有小时家乡做酸菜的白菜叶，赶紧给母亲打电话，母亲说芹菜也可以，做出的浆水也是很正宗的，但只要叶不要秆。于是对卖芹菜的摊主说我只要叶，不要秆，她死活也不卖给我。她说，将秆切碎，兔子也可以吃的。我真是哭笑不得，她以为我是买给动物吃的，北京人都拿芹菜秆炒肉，谁会要这叶去吃呢？但我坚持说是人吃，她看来死活不相信，指着旁边一堆垃圾似的芹菜说，那不要钱，去给你们家的兔子捡点儿吧。

回家将“捡来”的菜叶洗干净，用水煮了，撒点面粉进去，趁热倒在小瓦缸内。然后小心翼翼在阳台上找了一处清凉的地方放着。晚上爬起来揭开缸看了两三次，竟没有一点儿动静，到第二天下班回家，揭开缸，酸味便扑鼻而来。

哈！我家的酸菜浆水做好了。

用勺子舀了一口，放在嘴里，酸酸的，还真有小时候吃的家乡浆水的纯正味。可是问题又来了，妻是山东人，从小吃大饼卷大葱，哪会做这酸菜浆水面。第一顿，只好自己动手做，她站在旁边看。第二天，妻竟自己生手上路了，嘴里还不停地嘟囔，不就炝浆水做面片吗？又不是做满汉全席，有什么难的。可是妻炝出的浆水总没有母亲做得好吃。味道淡淡的，没有浓浓的香味，但总算自己家里也有了一缸正宗的浆水了，好似家里突然有了几十万元存款。走到路上挺胸抬头，一脸自豪，连北京的天，也觉得格外蓝。给北京的老乡朋友打电话，声音也洪亮了许多，最后在结束通话时总不忘补上一句，有空来我家吃浆水呀！正宗的。在妻面前也神气起来，一开口，连我家的浆水面都做不正宗，还不尽心伺候你老公，不听话，小心我休了你，再找一个老家会做浆水面的老婆来。刚开始妻还不吭声，只见她频频给我母亲打电话，神秘兮兮的。有一天晚上，妻在我耳边轻轻地说，你要是对我不好，我就往你的浆水缸里撒一大把盐，看你再牛！

我一下蔫了。

但不管怎么说，我家有了一缸酸菜浆水，还是正宗的。北京家乡的哥们姐们、老少爷们，有空来吃呀！只要有了乡愁，想家乡、想父母，就来我家，这里有故乡的思念，有故乡的寄托。

2016年修改

北方的孩子

“你从小就不是一个好东西。”

母亲总是这样骂我。

事实也是如此。我承认，我从来就不是一个“规矩”的人。且不说上树掏鸟蛋，单就说钻到田里，将长得正旺的高粱秆砍倒放在嘴里咂吮甜汁，就证明着我不是一个“好东西”，更不用说我曾背着她下河凫水了。

夏天到天气热得实在熬不住时，我们才去下河。可每到此时，大人们总是事先警告我们这些调皮的孩子：

“夏天天气多变，河的上游随时都会下暴雨，河水暴涨，你们就会被冲走的。”

末了，他们总是这样吓唬我们。

但我们总是趁大人们刚从田里劳作回来，睡午觉歇乏时溜出来。此时，我们总是很高兴的，大人们的警告也早就抛到九霄云外了。也有担心的孩子，小心地说：

“如果真的发大水怎么办？”

"怎么办？冲到三阳川吃桃去呗！"于是就在这样的嬉笑中，大家都壮了胆。那时，虽然知道河的下游是一个叫三阳川的地方，听人说，是产桃的胜地，但从没去过。据说，河面上设有铁网，上游下来的东西或人被冲走，只有到三阳川才会被找见。也有人证实，我们村里的几位被淹死的孩子，都是在那里找到的。当初信以为真，后来才知这是不正确的。

虽然是偷着跑出来的，但在炎热的、毒辣辣的烈日下，我们在水里还是尽情地嬉闹着：有的将鼻子捏住，待在深水里半分钟；有的互相往身上、脸上、头上洒水，那金色的水珠，在身上闪闪发光；有的从水里探出头来，抹着脸上的水珠，从嘴里吐出一股长长的水柱；有的在河里互相追逐，尽情地奔跑着，脚下的水，溅起一朵朵五色的浪花；还有的爬上岸，在沙滩上奔跑着。突然，站在高处不敢下水承担"放哨"任务的孩子故意大声喊：

"女人来啦！"

于是在一阵惊呼、吆喝、欢呼声中，大家又赶忙往水里钻。

我虽然也曾跟着他们下过水，但深水处是不敢去的。村里数狗蛋的水性最好，他能仰躺在水面上，来回地凫，连男孩的那小玩意儿有时也露出水面。他总是微闭着眼在水面上仰凫着，偶尔双腿或手臂才动一动，那惬意的神态，好似在做着一个有趣的梦，或正在倾听一首优美的歌，使我们很艳羡，他也就成了我们崇拜的偶像。

虽然玩了，但我们仍然恋恋不舍，我们不得不离开河水了，估计大人们午觉也该睡醒了。这时，我们才想起大人们的警告。为了逃避大人的盘查和追问，于是聚在一处想了种种理由，到实在想不出办法时，索性将心一横。

"骂就骂呗，不怕的。"

回到家里，大人们也想了各种验证的办法。他们只要在我们光着的身子上用手指轻轻一划，就能断定我们是不是下过水。于是，免不了又是一顿责骂。因此，我们曾憎恨过那留给我们的“罪证”，也曾想了种种消除的办法，但总是消除不了。

月亮终于露出山头了，在天空中越升越高，将所有的光都洒向大地，但一切还是像披着轻纱，朦朦胧胧、模模糊糊的，远处的山，还是黑魆魆的，似一头卧着的怪兽，静静地守护着田野、村庄、小河……田野里大片大片的高粱，似那青色的屏障，又似那一排排等待检阅的士兵。在月光下，风一吹，高粱秆来回摇摆着，叶子发出沙沙的响声，时而轻、时而重、时而高、时而低、时而似大海的浪涛涌来，时而又似情人悄悄地低语，简直是一幅优美的画，是一曲动人的歌。

一群孩子，就在这月色下，就在这高粱地里，有的提着叉、有的拿着棍、吆喝着、欢叫着、在高粱秆的空间穿梭着，时而发出惊呼，时而又传出爽朗童稚的笑声……

我们如此闹到半夜，闹到夜深人静。突然，有人嚷道：

“肚子饿了。”

便有人提议，拔来高粱地配种的毛豆烧了吃。于是大家马上动手，有的去寻柴火（大都是干枯的高粱秆、高粱叶之类），有的去地里拔豆。我们年龄小的，则只能聚在一处等着他们，因为他们害怕我们在夜里走散、迷失在高粱地里。

不一会儿，他们便抱来一大堆柴火，一大抱毛豆，于是寻一块空地，点起火，将毛豆架在火上烧。大家望着火中时时翻转的毛豆，听着毛豆的爆裂声，尽情地哄闹、欢笑。瞧，那一张张被火映得通红的各种不同神态的脸：有闭着眼笑的、有张大口笑的、有嘴巴的线条飞快地变化着的、有脸在笑却不发声的、有笑着抹泪的。总之，这每张脸，都笑着，这许多张嘴，都动着。烧熟的毛豆，渐渐地，也在减少。末了，各自的眼前，只有一堆堆空空的毛豆壳。

月亮渐渐地偏西了，虽然天空显得更清亮、高远，但是远处的怪兽似的山，连片的高粱地，还是像披着纱，朦朦胧胧、模模糊糊的。

漫话秦腔

在我的老家，至今还上演着北方的秦腔戏。据说，刚开始是牛皮灯影。用牛皮裁剪的戏剧人物，前面摆一个木框，上面蒙了纱罩，人都坐在后面，用帏布将四周遮起来，紧贴着纱框里有一个亮的气死风灯，人到里面唱，用手提了牛皮人影在纱罩上晃，人影便在纱罩上活动了。后来，有了电灯，就换了气死风灯，用电灯代替。白天，在阳光处，借着太阳光，可以继续看，谓之“日”影。但我记忆中的这种灯影戏，似乎不常演，偶尔为了敬神之类才唱，平时则在大戏台上唱大戏。

秦腔发源于何时，由何人所创，我不知道，但西北人爱秦腔犹如北京人唱京戏、安徽人唱黄梅戏，一张口就能来几句。据戏剧界的老辈们说，秦腔的历史要比现在作为国戏的京剧还要长，乾隆爷的时候，有人就进过京，给皇帝老爷子唱过，还受过乾隆爷的嘉奖呢！但这只是传闻，我没有见到可靠的资料记载，大约，创造秦腔真的已是很早以前的事吧。至于京戏，作为国粹，梅兰芳大师就到海外巡演过。

小时候，常常看那走乡串户唱戏的，背上插着一个牛皮灯影人，一晃一晃的，有时还干唱几句，很沧桑。

从小,就喜欢看那秦腔,常常是早早地来到戏场,选一块高地,占下,等着戏的开演。

从小，更喜欢那热闹的戏场，戏还没有上演，戏场已挤满了人。有站在高台上的，有骑在高墙上的，有趴在枯树上的。能看懂的，不能看懂的，全都来，全都伸长脖子挤着看。那丑角的表演，是我们孩子最喜欢看的。至于《花亭相会》《火焰驹》，相公缠姑娘之类的则是少男少女们的事，我们并不太喜欢。那老旦，我们最讨厌，一出场就唱个没完，常常使我们等得不耐烦，甚至咒骂起来，到无法忍耐时只好回家去。但老人们却捋着胡须，晃着头，最喜欢听；有时则装一锅旱烟，蹲在场角，美美咂一口，神情很惬意。

因此,孩子们喜欢看《拾黄金》《八件衣》,女人们喜欢看《火焰驹》《游西湖》，老人们则是《逃国》《孔明吊孝》之类。

长大了，我突然也喜欢起那老旦来，尤其喜欢那唱腔，充满着沧桑及人生的悲凉、不幸、痛苦，人生多少的心酸都包含在那唱腔里。

因此，每当我听到那深厚、凝重，带着沙哑的低沉的唱腔，就不由得想掉泪，尤其，那灯影戏里老旦的唱腔使我听起来更觉得悲凉。

我突然想起了二舅。

二舅是喜欢秦腔的，外地的来唱戏，他总是要将戏子叫到家里来，管吃管住，临走，还送了一程又一程；本村的庙会，他总是台前台后地忙乎，给戏子端茶，收拾行套。满台子的人，数他最忙。

他的秦腔唱片摞得一层一层的，有原声的留声机上放的老唱片，也有录音机上放的新磁带。大年三十，那么厚的雪，他总要带上那留声机，背在背上，沉沉的，踏着厚厚的雪，走几十里的路一步一步地背到村里来，每年总要给外婆放上几段。

外婆四十多岁时，外公就意外去世了。因此，外婆最爱听的是王宝钏的《五典坡》那一段。唱片一唱，她老人家就掉泪，说她这一辈子就是那受苦的王宝钏。外婆爱听，舅舅也爱给她放。

可是现在，外婆虽然还健在，已是很老很老了，96岁，还一个人孤零零地住在那院落里。让她去儿女那里，她说她哪儿也不去。可是二舅已去世三年了。他的鸟笼一个一个静静地挂在厕所的墙上，没有人动;那秦腔的唱片，还是那么一层一层地摞在桌上，厚厚的、高高的，从来没有人动。

这是我突然由秦腔想到二舅的事。

虽然我现在长大了，进城了，再也看不到那露天的野台子上上演的秦腔了，但我还是和二舅一样喜欢秦腔。

1998年2月于凤凰山

赶　集

乡下的集市总比城里的集市热闹得多。我忆起了乡下的集市。

年集也好，普通例集也罢，热闹是一样的。

早晨，天还不大亮，人们大老远就往集市上赶。有年老的，有年轻的；有男，有女；有穿新的，有穿旧的；有刻意打扮的，有还是老样的。

倘若你夹在他们之间往集市上赶，会别有一番情趣呢！女人们走到一起，叽叽喳喳地吵嚷的是去集市上如何“高价”卖了手提篮内的鸡蛋，设想着该买什么布，给自己的那“死老头”做一双什么颜色的鞋；有的姑娘说准备去为相好的扯一块布做衣服，不时地引起同行人的哄笑；也有头凑在一起骂“死鬼”丈夫不给钱的；还有想置办一件东西，比如家具之类，可害怕“死鬼”丈夫不答应，请求大家帮着出主意的；有干脆说要抱着猪崽回去养的。

女人们最关心的是家里和自己的事。

男人们走到一起并不这样，他们有担着粮食准备去粜的，有背着背篼的，有肩上扛着袋子的，有赶着驴的，有肩上架着孩子的……

他们走在一起也说话。

但他们讨论得最多的是田里的收成，集市上粮食的行情；谈得最多的也是粮食的价格，准备用什么样的木料，盖什么样的房子。他们也谈集市上某某店的农具，比如锄头、铧犁之类。他们不似女人们大声说笑，他们说话都是很平静的。

太阳出来普照在弯弯曲曲的村道上，也照着弯弯的路上长龙似的移动的人。阳光照在他们身上。扁担咯吱咯吱地发着有节奏的声音，活似一曲优美的歌。那一张张各种表情，不同颜色的脸，更是变化多端。

还没有到集市，老远就能听到鸡的叫，猪崽、骡、马的嘶吼。集市上一片嘈杂，一切全乱了。

有蹲在地上讲价钱的；有站着用手比划的；有到摊前拉拉扯扯，翻翻捡捡的；有将布料搭在胸前，挑剔布料颜色的；有拿着布料和摊主讲价钱的；有激动得发火的；有见到熟人又相互吆喝着打招呼的。

在骡、马牲口摊上，买主围着骡马前后打着转，看毛色，甚至不时将牲口的嘴掰开看牙口。骡马的主人极力夸赞着自己的牲口是如何灵性，干活如何卖力，牲口的胃口是如何粗，如何吃得少而干活多，诉说着这匹牲口是如何辛苦，对买主出的价钱，极力地抬高。而买主则尽量挑剔牲口的毛病，即使是一点极小的毛病，比如毛色的纯净与否；就连蹄子上的小肉球之类，也都作为压低价钱的口实。有找来“懂行”的熟人帮忙的；也有蹲在地上静静地盯着牲口，细细地挑选的；有已躲在僻背处小心地一张一张点钱的；有牵着牲口兴致勃勃地往市场外走的。

猪羊市场上，更是热闹非常。

那些小家伙有突然从主人怀抱中挣脱，踢翻筐子、篾子、背篼到处乱窜的；有在主人怀中歇斯底里拼命吼的；有趴在筐内一动不动沉睡的。和牲口市场一样，这里也是因价钱争论得不可开交。吃食摊上，青烟缭绕，一股股油烟夹杂着油香、葱味、蒜味、肉香味迎面扑来，使你不由得咽口水。凉粉、面皮、呱呱、粽子、麦酒、肉面条……

北方的小吃，这里应有尽有，看你吃什么。麻利的姑娘两手忙个不停。顾客则有端了碗在板凳上坐着吃的；有蹲在地上吃的；有看到熟人，端着碗转到别的小摊上去吃的；有吃得满嘴油圈，用袖襟揩着嘴的；有才刚刚端上碗的。

这时，锅内炸油物的滋溜声、爆炒声、出笼包子的叫卖声、碗的叮当声、筷子与碗的碰撞声、咀嚼声、响成一片。

倘若是年集，就更是热闹。

作为孩子，跟着父母能在赶集时吃到一个油馍、一碗荞麦粉，就已是难得的“奢求”了。至于说什么吹糖人、泥卷哨、孩子的玩具之类，大人们很少买。

母亲是很少领我赶集的，都是她一个人匆匆地去，又匆匆地回。但有一次，我非要跟去，母亲被缠得无法，只好领我去。对于集市上的洋布摊，我们孩子并不感兴趣，至于糖人、泥卷哨之类，我只是拿起抚摸一番又不得不放下。面食摊上的什么“油炸麻花”“羊肉泡”，看着母亲无奈的眼光，我只有舔舔干烈的嘴唇，被牵着手离开。

这就是北方的集市，北方热闹的集市。在乡下赶的这么热闹的集市很多，但独有一次，不但使我不再喜欢这热闹的集市，也使我永远无法忘却。

当然，耍猴卖艺的就是我们最理想的去处了。

“在家靠父母，出门靠朋友！……请大家多多帮忙……”

我又想起那次看卖艺的场面了。

一位清瘦的老人，脸由于风霜的侵蚀，活似干裂的树皮，黑得像从炭窖里刚出来。在他脚下，放着一个大木箱，一只猴子正蹲在上面，眼睛恐惧地四处张望着。他一只手牵着猴子，一只手拿着鞭子。在他旁边站着一个小男孩，和我年纪相仿，八九岁，穿着满是污秽的看不清颜色的衣服，手黑得似焦炭。他木然地注视着众人。

“翻——”

老人的喝声到现在还这么清晰。

他一鞭子将猴子从箱子上打下来，猴子在圈子中央一个连一个地翻着空翻，老人的鞭子绕着猴子飞舞着。猴子打开箱子，戴上帽子绕场一周，又是一连串的空翻。

“翻——”

小男孩在圈子中央翻起来，老人的鞭子也在小男孩身上抽着。

“腰要直，再翻！”

“翻！”

“翻！！”

人群中爆发出狼嗥般的喝彩，有人甚至挥舞着拳头尽力向前挤……

直到现在，别的东西在我心底越来越模糊，独有那老人的声音和那鞭子声，使我无法忘却，而且在我心底越来越清晰起来。

“翻！翻！……”

我想起了达尔文在《进化论》中提到的自然界的弱肉强食，又想了鲁迅所谓的“人吃人”。

这些也许都不是，但是那情景却难以忘却。

1993 年 7 月 1 日

1997 年 3 月 7 日整理

分　粮

现在去乡下，我再也看不到记忆中那广阔的场院了。大大的场院，平平的，足可以跑马，有人就曾将队里的牲口骑上绕着场院跑。晚上，躺在麦垛上，任身体形成一个“大”字，望着蓝蓝的、深邃的天，忽闪忽闪眨着眼的星星、可以思、可以想……

生产队的场院好大、好大。这是给我最深的印象。小麦收来，就堆在场院里。全村人都在那里劳作。

早晨将小麦铺平，通常我们这些孩子还在睡梦中，大人们就已在场院里干活了。等我们去场院，小麦已厚厚的铺在那儿，圆圆的，形成一个很大很大的麦圆饼。太阳晒到中午，大家便拿着连枷往场院里走。女人们头上都包着一块白手巾，除了几个“扬手”外，其余的男人都下地去了。

小熊他爸拴了牛，后面拉着大石砮碾麦。我最爱听小熊他爸唱的“苦命牛歌”了，那抑扬顿挫的调子，包含多少岁月的沧桑、人生的痛苦。可惜我现在一句也不能记得。

扬麦——就是将麦皮和麦粒借助风势分离出来。这只有“扬手”

才能做到。每到这时，场院当中总有一道长长的麦墙。“扬手”赤着脚，挽着裤腿，拿着木锨，先侧着头，抓起一把麦皮，扬在空中，试试风向，拿好架势，乘风一口气地扬起来。高明的“扬手”，那木锨翻花一样，翻来覆去，上下飞舞，其动作的娴熟，不由得使人想起了庄子的《庖丁解牛》。

吃晚饭时，场院里除了小山似的粮食黄澄澄地堆在那儿，场院清扫得也特别干净。我们这些孩子可以随意在地上玩耍。这时的天，似乎特别蓝、特别深、特别远。

开始分粮了，大人们叼着烟锅蹲在旁边扯着闲话，孩子们将装粮食的口袋一角塞到里面做“尖帽”顶到头上嬉闹着跑。队长拿着工分本，出纳抱着斗，会计把着秤。

这时的队长是很威严的，威严得近似于泰山爷庙中那决定人生死的阎罗和判官。这时也是他权力最大的时候。所以，叫起名字和号来，他的嗓子提得格外高，声音拉得格外长。先称过牲口料，留过储备粮，其余的，就开始给村民分。

我们这些“人口多，劳力少”，又没有多少工分的贫穷户，依然是不被重视的；而那些劳力多、工分多的人家，总是排在最前面。当看到右胜家整麻袋往家搬粮食时，我们是多么羡慕啊！因此，我那时唯一的愿望就是赶快长大多挣工分，给家里多分粮食。

胡常爷是队里的正队长，干活的时候，他将手叉在腰间站在一旁看。但分粮时，嗓子喊得多干，他也要坚持将粮食分完。胡常爷叫到我们家分粮时，似乎满含着不满和鄙夷，他认为给一个没有多少工分的人家分这么“多”粮食，是很“不合理”的事，要不然，他怎么会将母亲的工分记错呢？于是他和父亲吵，进而骂，甚至动手。

“仓廪实而知礼节，衣食足而知荣辱”。

那时连饭都吃不饱，还讲什么礼节，什么荣辱呢？

等别人将胡常爷和父亲分开时，父亲的上衣已被扯得稀烂。

最后，还是母亲抹着泪，偷偷叫大哥又去等着分粮食，然后去王家庄的水磨上磨掉，才做了那晚的晚饭。这都是母亲后来告诉我的，我只记得队里那分粮的情景。

2000年写于怡文斋

换　粮

多子、多荒、地少、粮食歉收、政策紧，这是那几年的境况。在农闲时，出外换粮，成了庄里人吃穿生活唯一的添补。

据长辈人说，虽然村里人很“穷”，风水却是不错的，据说是出“真龙天子”的地方，只因后来刘伯温斩断了龙脉，才出不了“皇帝”。四周的山，似一只只厚重的铁牛，将这些村庄圈在中间，只有南边的山，露出一点豁口，竟能看到遥远的露出山外的天，至于山外边是什么，就不知道了。

光秃秃、死一般没有颜色、没有生气的山，更增添了这些村庄的破败和苍凉。

村里的人一年到头不停地劳作，从黑到明，又从明到黑，即使每人仅有的几分土地年年丰收，也养活不了村庄的人。

更何况是这多灾、多难的多事之秋呢?

唯一和外面相连的是从村口望去，从四嘴山脚下穿过的那长长的、弯弯曲曲的、依着山势铺的铁路。火车来，车头顶冒着白烟，只有那粗野的长鸣，给这寂静的村落增添一点声音。听大人们说，原先狼是很多的，甚至跑到村子里来叼家禽吃。自从有了这火车，火车一吼，将狼吓得躲在山头上远远地看，再也不敢下山了。

“我们那时坐的火车是什么样的条件啊！”

父亲常常这样感慨：人多，拥挤，空气污浊，到处是汗臭，只要一上火车，挪个地方都很困难。热天，好似在蒸笼里；冷天，缩在车厢内几个人挤在一处还打战，尤其无法忍受的是乘务员粗野的谩骂，甚至动手。只有忍受，不管发生什么事，只有耐心地忍受。是啊！这也是最难得的“生存之道”，所谓“柔能克刚，弱能胜强”。

因此，中国人最懂得承受屈辱，应付屈辱。

“我那时就连低等的车厢也很少坐，我们几个人常常坐货车。”

父亲常常这样说。他们常常偷偷爬上货车厢，找一块空地，将整袋的粮食压在脚上取暖，将腰间系的草绳紧一紧，狗皮帽子放下来，直护到下颌，只露两只眼在外面。从上千公里的地方往回慢慢摇。

换粮，村里人是极不愿意和父亲合伙的。

所以，每次父亲出外都是孤单的，只有他一个人出去。我们估算父亲回来的日子，便去车站接父亲。别人家三五成群，说说笑笑往回走，我们总是寻找，寻找那瘦弱被挤出人群外的孤单的身影……

看!

我亲爱的父亲不是来了吗？顺着弯弯曲曲的山道，踏着摇摇晃晃的软桥，背着整袋的粮食。——不，背着全家人的希望，背着这个沉重的家庭。他的脚步又是那么沉重，一步、一步;他的脚步是那么有力，一步、一步……

父亲背着人生的坚毅，背着人生的苦悲，也背着对生命的渴求。父亲要出门的时候，母亲总是忙着给父亲烤几个干烧饼，破例地放点菜油。老屋外还是漆黑一片，母亲划着了火柴，点亮了灯。她总是先下炕，给父亲整理着包。（我们那儿常常将舍不得用的定量布票或布匹拿出去换粮食吃）“孩子他爸，把我的线裤穿上吧，出外挡风寒……”

“不用，够了。棉裤、棉袄很暖和了。”“要不把兰州他二舅给你的皮袄……”“不用……”“唉！这是啥年头哟！”每当母亲这样叹气时，父亲就该出门了。有一次，父亲出去了好多天，换粮去的人该回来的早已回来了，但父亲一直没有消息，母亲急得像热锅上的蚂蚁，坐卧不安，到处找人打听，却都是冷冰冰的回答——“没见过！”母亲天天往山神庙跑，家里桌子上的香火续着不断。母亲坐在坑头上常常自言自语——“该回来了……不知……”我们得到消息时父亲已倒在村口，围了许多人。我们跑去看时母亲已将衣缝里的棉花撕出来，搓成条，往父亲鼻孔里塞。父亲脸蜡黄蜡黄地靠着墙角斜躺着，胸前棉袄上满是血，鼻孔里的血还不住往外渗。大袋的粮食袋口已崩开，黄澄澄的玉米粒撒了一地。父亲被抬回家里，躺在炕上像死人一样，一动也不动，脸色很难看，很可怕。问医生，只是说背的东西太多挣得血管破裂，塞药，不起作用，打针，效果也不明显，直到晚上后半夜，才止住。

至于换粮的事，父亲是很少提起的，更是不愿提。所以，那件事，我至今也弄不清原委。只有他高兴时，才偶尔提起乌鞘岭的雪，戈壁滩的荒凉，晚上如何被人放狗咬，住到人家野地的草棚里，被人赶着到处跑……

自从那一次换粮，父亲的身体越来越坏，终于引发了他更重的病，差点儿送了命。

换粮，在父亲心中，是永远难以忘怀的。

我更难忘记父亲换粮的事。

2002 年 1 月定稿于怡文斋

王家庄的水磨和水萝卜

那古老的水磨，只有 90 多岁的姥姥偶尔才叹息地提起，她说现代的磨粉机磨的粉总没有从水磨上磨的粉吃起来香甜，除此之外，谁也不会再记得这古老的渭河畔还有过许多座水磨。

峡口舅舅家庄里的水磨，久已不记得，只记得王家庄仅剩的两座水磨。

那时，人们已不再跑老远去王家庄的水磨上磨粉，庄里已装有钢磨机。究其原因，似乎那时人们总嫌水磨磨起粉来太慢；其次，人们对钢磨要远远比这古老陈旧的水磨感兴趣得多。

有一次，村里停电。其实，那时的农村并不像现在，到处是电灯、电视、录音机，即使照电灯的人家也是少得可怜，大多数的人家还是照常点油灯。因此，三天两头停电是很习以为常的事，母亲要三哥和我去王家庄的水磨上去磨粉。

此时，我才能亲眼见到我久已渴慕的、想见的水磨了。

绕过四咀山的山头，就看到往水磨里进水的设在河口的闸门。也许是为了限制水量，以此来控制水磨的速度，水涨时，闸就放下来，水落时，闸就又提起来。听大人们说，那闸底下，是一直和龙宫相通的，据说，有人晚上还听见过水鬼说话呢！

顺着河堤往前走，渐渐地就能听到哝哝的水磨的声音了，恰如古老怀旧的歌。在水磨的中间横空跨着一座低矮的茅屋；屋里是发腐的椽木，矮小的窗，木的门，木的地板。总之，一切都是木的。木草屋中间有一根椽一样的木柱，直通向深水里的木磨轮，和那大大的木磨轮连在一起。那哝哝的声音，就是那木磨轮的声音，那大大的木轮，就似一个饱经沧桑的老人，不紧不慢地走着自己的历程。

粮食进口处是人头顶的木方斗，磨粉的磨盘也是两块齿状的圆石。转动着将粮食粒碾碎，磨粉便从石缝里源源不断被挤落下来。

我想起了养牲口的贵平大爷。

贵平大爷是养牲口的，队里集体的牲口全由他一个人养，他就成年地住在场院内，和牲口住在一起。牲口的圈栏和他住的炕铺是相通的。圈栏内，一边拴着牲口，是牲口槽；一边就是他的炕铺，炕头架着一个泥做的三只足的茶炉。每天早晨，他一边唠叨着给牲口加料，一边喝他的罐罐茶，高粱面的干炕馍是晚上他从家里带来的。

贵平大爷喝茶是喝得很香的，现在想起来都不由使人欲流口水。小小的曲曲罐，一次只倒一点水，倒茶时只有几滴茶水线似的滴入茶杯内。本可一口喝完的茶水他偏要慢慢品。每当此时，他总是慢慢地端起茶杯，头向后仰去，仰去，随手的一口馍，也就进了嘴里。

他就在这种“烟熏火燎”中，得到一种特有的乐趣。

谁要是伤害了牲口，贵平大爷就和他要拼命的。

因此，谁要是往外牵牲口，贵平大爷总是叮嘱了再叮嘱，安顿了再安顿。诸如牲口和人一样是通灵性的，不可劳累过度，不可随便打牲口，干完活更不能随便乱骑呀之类，直到人家将牲口牵出场院门，他还在那里唠叨呢！

每到晚上收工回来，他又总是摸摸这匹头，刷刷那匹背；每到加料时，嘴里还不住地喃喃自语，大青马拉力太辛苦，应多给一点料啊！小马驹总是馋，也应多分一点呀！大灰驴爱抢别的槽内的料呀之类。

他是最爱牲口的，像爱孩子一样爱牲口。

又一次，队里让他去买回一头牲口来，他硬是上百里的路陪着牲口走回来，总舍不得骑一下，至于，马生驹，驴生骡，更是他忙碌、难熬的时候了。

该分责任田了，牲口也不得不分掉、卖掉、杀掉。

记得杀大青牛那日子，贵平大爷抱着大青牛的脖子狠命地哭，哭得场院里所有的人都眼红红的。

但田地该分的分了，牲口也是该卖的卖，该杀的杀。昔日热闹的场院死一般地寂静了。牲口圈栏里更是空得厉害，人们好像什么事没有发生似的又开始忙碌各自的事了。

但贵平大爷住在空荡荡的牲口圈内再也没有挪地方。有好多次，有人看到他在拴着牲口的槽边摸摸，在那根拴柱上亲亲，将脸贴在栅栏上喃喃地说着什么。

贵平大爷死了，他是喊着大青牛、烂眼驴、惹祸骡的名字离开人世的。过去的事都已渐渐变得模糊，唯有这王家庄的水磨和贵平大爷记得清清楚楚，而且越来越清晰，越来越无法忘记。

至于王家庄的水萝卜，就更难忘记。

有时父亲常常抱怨，说街上卖的萝卜没有乡下王家庄的水萝卜好吃。我也常常想起小时吃的王家庄的水萝卜，可惜现在不能够再见。

在我们那儿有好几处种萝卜的地方。大庄人的萝卜吃起来干辣，辣得人嘴皮都疼；北山人的萝卜像干柴，吃起来没有水分；下曲人的萝卜只是一股水，吃起来没味；只有王家庄的萝卜辣水味俱全，在当地很有名。

也许，这和水土有关吧，江南的蜜橘移到江北，就苦涩难吃。当然，王家庄和大庄只隔河相望，但种出的萝卜却大有不同。

其他地方种的萝卜八九月份经了霜才成熟，而王家庄的萝卜麦黄就上市。人们一边割麦，一边可以吃到水辣水辣的水萝卜。

如果是现在，我一定美美地花十元钱，买一堆水萝卜狠狠地吃个够。但在那时，家里的油盐都成问题，哪有多余的钱去买萝卜呢?

虽然人们说我的祖上很富有，让人很自豪，但是贫穷、困顿和不幸却伴随着我度过了童年。

那时，不但熟人很少来，即使亲戚，也懒得来往。有一次，母亲破例买了几个泛着红尖白嫩、白嫩的水萝卜。母亲再三叮嘱我和弟弟，每人只许吃一个，剩余的留给父亲，我和弟弟“满口答应”。拿在手里的萝卜，我们是多么舍不得吃呀，但禁不住香味的诱惑，不知不觉中，我和弟弟手里只剩了萝卜蒂。

于是去偷吃留给父亲的萝卜。虽然母亲平时给我们讲的《丁郎抱柱》《王祥卧冰》……老在我脑海里闪现，但想起《郭巨埋儿》，我就对父亲含着一种恐惧。

管他呢?

《王祥卧冰》只是针对母亲,《丁郎抱柱》还是针对母亲，对于父亲，母亲似乎并没有讲什么，况且，对于郭巨，我从心底并不怎么“喜欢”他……

到父亲回来吃饭，母亲去拿藏在笼内的萝卜时，只剩一根萝卜孤零零地在笼内。母亲马上变了脸，拿起柳条就往我和弟弟屁股上打。

我和弟弟嘴里含着饭疼得大哭，父亲便默默地走过来，夺下母亲手里的枝条，将剩下的一个萝卜，又分成两半，塞在我和弟弟手里，轻轻地叹了一口气，又默默走开。

现在，唯有父亲那轻轻的叹息，每当想起，心里就沉沉的，使我无法喘过气来。我多么想，多么想给父亲买好多好多王家庄的水萝卜，也从此，从此让我忘掉，忘掉永远使我无法心安的那一幕。

2002年12月定稿于怡文斋

四咀山的娘娘庙

据说，四咀山是龙头，峡口是龙尾，娘娘庙就修在龙头顶上；据说，正因为四咀山是龙头，所以每次河涨水，都淹不到山下的王家庄。当然，娘娘庙之所以灵验，就是将庙建在龙头顶上。

我小的时候，每站在村口，就能看到龙头顶上的娘娘庙，用高高的、厚厚的墙围着，还能看到那半圆形的门洞，娘娘庙就在院子里，被密密的柏树罩着，隐约才能看到一点楼阁。

听大人们说，那高高的堡子墙里头，以前跑过贼，贼来人就往里躲，还有专掠小孩的贼，小孩一进堡子，就有长面大汉出来，将小孩蒙了头，掠去了。

因此，娘娘庙成了我又感到可怕，又神秘向往的地方。

四咀山的娘娘庙，王家庄那哝哝的水磨，是我从小最无法忘记的。但水磨我见到的只有一两座，其余的都已拆掉，那没有拆掉的，就如古老怀旧的歌，发着哝哝的响声。但娘娘庙就那一座，始终没有被拆除。

听母亲说，娘娘庙只有“苦命人”才能去。所谓的“苦命人”也就是一辈子没有儿女、孤独的老人。据说，吃了娘娘庙娘娘怀中小孩的鸡鸡土，就可以得到儿女。

也许世界上的事总是一物降一物吧，比如火克金、金克木，阴阳即统一，又相克制罢，“苦命人”偷吃娘娘怀抱中小孩的鸡鸡土，也正是此原因。

有好几次，在去娘娘庙的路上，乡里的婶子碰见母亲总是激动得点头，和母亲神秘地说着话：

“去了吗？”

“去了！”

“得了吗？”

“得了……”

我就似乎猜测出，她们一定去过娘娘庙，是专去偷娘娘怀中的小男孩鸡鸡土。

我家上庄的狗蛋大爸家，只有狗蛋大爸和狗蛋大妈两个人。后来，听说狗蛋爸原是想将狗蛋过继给他大爸的，不知什么原因，似乎狗蛋大妈嫌不是自己生养的，不想要，没有过继成，终于还是那大大的院子，空空的房子，只剩了他们两人。

但狗蛋大妈对孩子还是十分亲热的，在她的院子里长着一棵杏树，每年夏天树上挂满硕大的杏。每到杏熟时，狗蛋大妈总是站在门口招呼，将掉在地上的杏子捡起来，追着我们孩子往兜里塞。每当此时，我们总是吓得四散跑开，连狗蛋也跟着我们跑。听大人们说，没有孩子，“断子绝孙”的人家，一定是没有做过好事的人。也许她在上辈子没有做过好事，要不然，怎么能断子绝孙？我们为了避嫌，绝是不肯随便到人家里去玩，更不容许吃人家的东西的，即使大人们偶然去，也绝不带我们去。

狗蛋大爸是看队里果园的，我们村里的孩子可以趁他中午熟睡时偷偷地爬到果园里偷摘果子吃，可是一见到狗蛋大爸，那慈祥的笑，一边从兜里边往外掏，一边用手摸我们的头时，我们就吓得躲开，常常看到他无奈又似伤感地摇摇头，重新背起手，手里还握着那长长的烟杆，烟杆上吊着的烟袋一晃一晃的，走向那寂静的院落。

因此，那院落是寂静的，寂静得似乎连飞鸟声都没有；那院落是寂静的，寂静得好似没有人住的空房。当然，那院落是孤独的，孤独得好似只有那空空的院落存在。

但每当到过节、过年，甚至因为别人给儿子娶儿媳吹吹打打热闹的时候，据说，狗蛋大爸隔壁的邻居常常能听到哭声，一个女人，一个男人，从小，到大，从而变成狼嗥，尤其到夜中，传得很远，很远……

现在，我多么想，多么想娘娘庙的娘娘真的灵验。我也真希望狗蛋大妈去吃四咀山娘娘庙娘娘怀抱中小男孩的鸡鸡土，让他们也有一个可爱、活泼的小男孩啊！

1998 年 12 月

凤凰山纪事

一

我出生在凤凰山下，长在凤凰山下，从记事起，每天能看到的就是那高高的凤凰山，山顶上有几片松树，盖在尖尖的山顶上，使这山更显得神秘和清秀。

听母亲说，因这山上落过凤凰，所以很有名，便叫了“凤凰山”，但听老辈们讲，似乎是说因为三国的诸葛亮在山顶上点过兵、拜过将，才使山显得那么有“脉气”。

长大了，曾去凤凰山，既不见母亲所说的那凤凰窝，也不见老辈们所说的诸葛亮的点将台，在丛林中有一座古庙，庙内坐着一位“泰山爷”，据说是纣王时被姜子牙封了神的黄飞虎，高高地坐在那里，很威严，很神秘。

每年的三月里，据说是那位泰山爷的“生日”，有死去亲人的人都拿了纸钱去山上烧，因此便听说，那天鬼魂都聚集在了山顶上。于是就唱戏，唱牛皮灯影戏，唱外地请来的大戏。既唱给泰山爷，也唱给鬼魂。有时也下雨，据说这是泰山爷的磨刀雨。

至于其他事，我就不知道了。

十八庄的人都聚集在那儿，有名望的“乡贤”或有钱的大款便充当“会长”之类带头，山上每年都很热闹。

在山尖的右边，有一个大豁口，将山分成两半。小时候，常常看见豁口外很远很远的天，至于山外面是什么，就不知道了。

这豁口，母亲说是不知名的神仙每天来砍树。终于，有一天，他下了狠心砍断了那树，于是血就洪水般地往外流，直流到平川的街上，于是有人用牛脖子上套的牛格子挡住，便盖起了当年的格子庙。

据说庙内很气派，尤其大门背后的两个看门鬼，脚下设有机关，人不小心踩了上去，两鬼便从门后突然扑出来，十分吓人。

但听老辈们说，这是由于明朝的大风水家刘伯温害怕有人夺大明朝的皇位，故意斩断了龙脉，最后总是不无遗憾地说：

“这里竟是要出真龙的呀！”

但不管如何格子庙是盖起来了，虽然我没有亲见。

直至看了岳维宗先生的北宋《闵雨碑》考释，才知所谓的凤凰山，正因为似《尔雅》中所说的“山锐而高日峤”，所以北宋叫“乔岳”，又称“邽山”，而且是当地官员在北宋徽宗年间祈雨的地方。因此，曾有这样的碑文记载：

大观乙丑春，秦风闵雨。经略安抚使姚祐，客省使兵马钤辖玉钰，走马承受张颖，苏、辽守王延杰，副将刘泉石，口锐（铣）签书节度判官公事赵士障，准备将郭万彭、孝义观察推官杨洪权，观察判官张夫，成纪令权均，以牲币诣乔岳，祈井泽。

三月二十日经略安抚使司书相宜文字姚，草题□□

文林郎和成纪县事权均，上石

这几年，只剩了在凤凰山上赶庙会，虽然烧纸钱的照例有，但不及青年人赶热闹得多。

至于泰山庙的泰山爷，已不只管死生、鬼魂，竟也管了活人的幸福。

二

当我写的《凤凰山纪事》一文发表后，首先向我提出异议的是岳维宗先生，他说凤凰山并不叫“卦山”而叫“邽山”。此外，他说文中的描写还有许多不实之处。他为了不使我过分难堪，竟然替我开脱说是我写作过程中的笔误。实际上，这恰如竟也有人将凤凰山叫乔岳，将张三的头换给李四一样，正说明我知识的浅陋。

子安先生，已 70 多岁，一位在生活上严肃、认真、很质朴的我的忘年交的文友，一位写了一辈子字而竟无一点所谓名人光环外罩的老人，也是一位写了一辈子诗文和吟联匾额竟连一本书都难以出版的文人。这位能熟背屈原《离骚》的老文人已是翻遍了县志的。他说，凤凰山乃是邽山之主峰，所以天水古称上邽，而此山绵绵不已，直到陕西的渭南而终止，因而渭南古又称下邽。我们爬到山顶，便看到他以前写在庙宇山门旁演戏时看台两边的对联。上联曰：“阅尽古今秋想当年丹凤飞来兹成仙境。”下联曰：“看惯名利客到此地绿荫深处便是蓬赢。”我才知他所学知识的丰厚和渊博，更为我的太浮浅而羞愧。

当然，庙宇的太殿上照例高悬着许多块匾额。有德高望重的学者前辈写的，也有当地乡贤写的，但也有许多当地有钱的绅士为了出名和许多地方的政客为了留名而主动挂上去的。

在所有的匾额、碑文中，目前，我以为最有价值的只有两块半碑：一块是我在《凤凰山纪事》中提到的北宋《闵雨碑》，一块就是当代大学者、国务院学部委员、陕西师大教授霍松林先生的《凤凰山名胜碑记》。另外半块只有碑头没有碑身，用汉隶写着“凤凰山碑记”数字。据先辈说是汉朝修凤凰山时所立之碑，可惜碑身已不存，无从查考了。霍松林先生的《凤凰山名胜碑记》曰：

天水扼关陇蜀之咽喉，人文荟萃，由来久矣，秦称上邽县，汉称上邽，皆以邽山命名，邽山之主峰，突起新阳之南，幡然翱翔于彩凤，固名凤凰山，渭水北萦，籍河南绕，岗恋环拱，云霞掩映，实天水之镇山也。故自汉唐以来屡有营造，而兵火相寻，民劳费惜，蜗皇宫殿，仅见邑乘，唐公庙宇，徒剩碑文遗迹可寻，唯山巅之东岳庙而已，四凶即殛，百废俱兴，兹山已明文保护，百计经营，不数年而面貌翻新，蔚为壮观。舞台高出，道观宏开，花果飘香，松柏耸翠，遐迩游人闻风而至者接踵摩肩，无不瞻依赞叹流连忘返。诚览胜之佳境，怡情之乐土，而政教之昌明于此可见焉。

国务院学位委员会委员，陕西师大霍松林撰文并书，公元一九九一年农历辛未年三月二十八日。

此碑文字，仅寥寥数百字，疏中有密，密中有疏，语言精练，文风质朴，读来如清泉流水，对凤凰山的发展更替、历史兴衰变革、物土风貌记录得可谓详细备至，真乃奇文。

另一篇碑文就是北宋的《闵雨碑》，在《凤凰山纪事》中我抄录的多有疏漏，现在子安先生的帮助下，又重新核对碑文，抄录如下：

大观己丑春，秦风闵雨，经略安抚史姚祐客、省使兵马铭辖王珏，走马承受张颖、苏慥、通守王廷桀、副将刘泉、石锐，签书节度判官公事赵士陴、准备将郭万彭、孝文观察推官杨洪权、观察判官张权夫，成记令权均以牲币诣乔岳祈雨甘泽。

三月二十日经略安抚使司书写机宜文字。

从重新抄录的此碑文看，考证绝不是马虎的事，不然就是哄骗自己，贻害子孙了。这也证明着学术绝不是敷衍的事。

从子安先生文人单纯的满腔义愤中，看到已被利欲熏心者残忍砍伐得只剩了突兀的树杈，从他心疼的“这是宝山呀！”的沉重叹息中，足见他的正义和对目前现状的无奈。文人只是文人而已，对这些社会“三道头”又有何法呢?

将这一次算在内，记忆中的凤凰山只游过两回。最初的一次大约是在十多年前，那时的我还幼小，凤凰山也大约刚开始重新办庙会。爬到山顶上来，老远就看见用木椽搭的戏台，乱哄哄的只听见锣鼓响，偶尔才能从人群缝隙中看到背上插旗的将军出来进去地在舞台上闪来闪去。戏台口的空地上挤着许多卖大豆之类的摊贩，旁边围了许多小孩，还有卖“嘟嘟”泥哨子吹的，也挤了许多小孩。庙宇的后边有一块空地，许多人拿了纸钱围在一起边哭边烧，据说是给死去的亲人送纸钱。山顶东岳庙的大殿内大人多、孩子少，人挤也挤不进去，挤到门口，只能看到泰山爷威严的脸而看不见身材。由于店内的香火太旺，似着了火，浓烟只往外涌，因此，在脑内留下的只是乱哄哄一片的记忆。而这次，在子安先生的陪同下，不但看了主殿的塑像，还看了偏殿的菩萨，既观赏了庙内的雕梁画栋，也饱眼了庙外的山水风光，遂在林壑的静幽中得到一种怡静。

不知在山体上种植多年的松柏，是否还会遭到砍伐，儿时记忆中的凤凰山庙会，还会有否?

2003 年 4 月 23 日草

凤凰山：我的精神依托

家乡人要编辑一本《凤凰山志》，希望我写点什么。其实，在我心里，凤凰山要写的很多，但当地要给一座山立志，在全国都很稀少，何况对于一个西北边陲的小镇，更是难得。对全国来说，我家乡的凤凰山算不上什么名山，但在我心里，它就像西藏人心中的一座神山，一座圣山，使我梦魂牵绕，永难忘怀。尤其，作为在外的游子，在外时间越长，这种感觉就越强。

我小时候，所谓的五大名岳、五大镇山，太湖、鄱阳湖等对我而言，只是书本上的文字概念，而我认为最巍峨的、最神秘的还是站在院子里就能看到的高高的凤凰山。儿时记忆中的凤凰山是那么巍峨高大，那么神秘。虽然说它的对面就是安林山，我小时村里人都叫四咀山，但是，远没凤凰山在我心里那么神秘、高大。首先，四咀山看上去光秃秃的，一眼望去就是裸露的山体，黑褐色的山体上没有任何植物，给人很荒凉、凄惨的感觉。而凤凰山则不同，满山望去都是黑黝黝的，山上到山下全是树木。四咀山的娘娘庙对儿时的我们吸引并不大，总觉得那是大人们尤其是女人们的事，每次见村里的婶子从河边走来，见到母亲，总是神秘的样子，母亲也总是将头凑得很近，嘴几乎贴到耳边说话：“得了吗？”她们也总是神秘兮兮地回答：“得了。”然后急匆匆走开。大了，才知道四咀山上有个娘娘庙，娘娘庙里有个送子娘娘。婶子们是一大早去娘娘庙偷送子娘娘怀中小孩的鸡鸡土。没有男孩的家庭总是以这种方式寄托着自己的希望。

所以说，四咀山，在新阳人的心里，是一座母亲山，寄托希望、美好憧憬的地方，是寄托人生希望的神山。

但是，凤凰山有泰山爷，在我们心里威严、高大，远比娘娘庙的送子娘娘要让人敬仰许多。这大概还是受了戏剧的影响，秦腔戏有一出戏叫《闯宫抱斗》，大概是说纣王如何残害忠良，如何残害后宫老婆的。其中就有黄飞虎的故事，骑五色神牛，背上纣王儿子能腾云驾雾，很有本事。这个黄飞虎据说就是被姜子牙封了神的泰山爷。他在凤凰山顶上，俯瞰平川里居住的众生，当初在我心里他比玉皇大帝的能量还大。

凤凰山下有处泉眼，从泉眼里喷出的泉水清澈，顺着沟流下来，从山坡到平川，村民祖祖辈辈就居住在沟两边，全川的人几乎都受到了凤凰山的恩泽。山上的人靠山吃山，每到赶集的日子，从山上砍几担柴挑到集市上卖，然后再买油盐回去贴补家用；山下的，靠着凤凰山泉眼流下的泉水灌溉农作物，村民、家禽、牲畜等祖祖辈辈都饮用凤凰山泉眼流出的泉水。

因此，凤凰山在我们新阳镇（古称沿河城）人的心里，就是一座父亲山，犹如新阳镇人的保护神。它巍峨高大，给人安全、稳妥、威严的感觉。它脚下流出的泉水，就是滋养我们川里居民的母亲乳汁，世世代代滋养着我们，哺育着我们。他就是我们心底的圣山，一座精神信仰之山。

儿时，听得最多的就是母亲讲的关于凤凰山的凤凰传说，一个凄美的故事。大了，看史书记载，才知道凤凰山是诸葛亮点过兵、拜过将的地方，也知道了凤凰山作为陇上名山的记载，对凤凰山更是敬仰。

1996年，我去陕西师范大学拜访国学泰斗霍松林先生，曾让其题写了“瑞应凤凰”，现镌刻于本村村头；2002年，我去北京，让文化部原代部长贺敬之题了词，现刻于凤凰山山门，这是让我感到欣慰的事；后来，又筹划镌刻了雷达先生的“故乡山川永在游子心中”。此外，我曾让国家文物局原局长孙轶青题了词，还没镌刻，孙老已经去世，字迹尚存，不禁憾然。今年，我又让民政部副部长陈虹部长题词“瑞应凤凰”，祈愿它保佑全川人民幸福安康，风调雨顺。

这是我为《凤凰山志》写的几句话，作为在外游子的一点心意。

2015年12月

敬　神

有一位名流曾猜测说，我家一定有许多钱，并希望我能“赞助”办几次“笔会”。

据说，我家也曾有很阔气的时代。银圆常常在柜子里碰得叮叮当当地响，就连门庭也很阔气。但那只是祖辈的轶事，到我的父亲时，家境已是很破落了。也曾听人说，娶母亲时，用花轿抬来，而且大红地毯毡从大门一直铺到堂屋。但那只是母亲和村里别的女人闲聊时，才自豪提到的轶事。

我至今还记得很清楚的事，就是小时候陪着母亲拜神的情景了。

锅台上的积尘、污秽被母亲彻底清扫一番。净过手以后，给香炉内放新灰，分香、找冥票、寻裱纸……这些统统预备齐全，母亲才叫我。

我那时虽然没有见过爷庙内的大神（村边的土地庙因为很破落，我们并不将他当作神看待），但我心中有太上老君、玉皇大帝、五殿阎王……据说村上盖着很大很大、很气派的爷庙，我心目中的尊神全有。而我所记得的那个地方，已建了乡村卫生院。

当然，我也坚信神紧紧地控制着人们的生死，牛头、马面、判官的生死簿总是有的。因此，我相信人干什么，他们总是能看见的。

因此，我也相信母亲的绝对虔诚了。

母亲双膝完全跪地才点香，然后双手小心翼翼地将香插到香炉里，点冥票、烧裱纸、奠茶，虔诚地看着冥票在她的面前完全烧化，才慢慢地、慢慢地将手抬起，手掌平放在眼前，然后弯下腰，弯下腰去：

“一个，两个，三……”

看《西游记》，当读到孙猴子大闹天宫，被如来压在五行山下，觉得毫不冤枉他。

玉皇大帝、太上老君、王母娘娘、五殿阎王在母亲的心中是何等高大啊！

小时候种种事都很模糊，唯有母亲跪下弯腰磕头拜神的背影，至今还记得很清。

1993 年 10 月 10 日

1997 年 3 月 7 日整理

第二辑 乡 情

我童年记忆中的呆、傻、怪

儿时的记忆中，每个村都有一两个神经有点儿问题或半残废的人。或是哑巴，或是疯子，但也竟有说疯不疯、说傻不傻、半疯半癫的人。因为我们村庄大，人口多，因此，这样的人就比别的村多出许多个。

但我们村这种说疯不疯，说正常又不正常的人都是男的。女的全镇只有周家湾村有一个，大家都叫她“麻女”，或许是她的脸上有许多麻子。她大约 30 岁，常见她蓬头垢面，穿着褴褛，胸口露在外面，有时连喂小孩的乳也露出来，一颠一颠的。她怀里抱着一个孩子，也不见哭，常常吮吸着她的奶，静静睡在她怀内。我们小孩一见她，就吓得四散跑开，嘴里对同伴大声地喊着：

“麻女来了，快跑！”

据说有人见她将自己刚出生的孩子放在河水中洗澡，幸好那孩子没有被淹死，竟活了下来。她成天满村镇转悠，从不见有人来管她，从未见她的男人出来找她。什么时候转悠累了，她才回家。她就常常这样转悠到谁家门口，碰到村里的好心人，随便给她一点儿什么吃的，她就用手抓着吃，从来也不嫌脏。最离奇的是，据说有一次她在野外生下孩子，没人管，竟自己用牙齿咬断孩子的脐带，没事人般走开。幸好有人发现了孩子，将孩子捡回家，存活了下来。

有一次，别人指着一个长得很白净的女孩说：

“那就是麻女生的孩子呀！”

这就是让人很惊奇的事。更让我惊异的是她的生命力如此之强，不管任何时候，穿她那件破衣服，脚上没有穿袜子，拖着一双没有后跟的鞋，脚背上裂着口，满是血痕，有的地方还流着脓水，也不见她生病，每年都能见到她。

我们村几个半疯半癫的人，都是男的，一个叫拐货，个子不高，说话常嘟嘟囔囔说不清。村里人都说别看他表面上痴傻，心里可清楚着呢！他知道给自己家干活，有东西知道往自己家拿。尤其，据说他力气特别大，一个人能干几个人的活。只要东西拿到他手上，就别想再要回来。村里人都说他是“奸傻”。

二队的牛牛，村里人都叫他“瓜牛牛”，也就是傻的意思。村里人都说，他可没拐货强，一会儿清醒一会儿犯傻。他父亲摆着一个货摊。他父亲哄着他他才肯去干活。只要看见熟悉的小孩，他就将他父亲货摊上的大豆之类往别人兜里装，气得他父亲回家后大骂他。可下次，他依然还是那样去做。他有时也抱他弟弟的孩子，高兴时直举过头顶。他弟媳怕他突然犯病将孩子摔了，所以，只要他往孩子旁边走，就像触了电般，大声喊他。他也赶快缩回手去，很失望地离开。村里演戏，我们这些孩子常常爬到后台去看演员的装扮。有时乘大人不注意，便将戏服帽子上的珠子、帽缨随手摘了拿回去玩。无法，大人便叫了他来，专看我们这些小孩。他堵在门口，谁要往后台闯，他就会用演戏的马鞭抽我们屁股。有时，他故意做个怪脸，吓得我们四处跑开。后来，村里要组织戏班去别的村里唱戏，叫大娄的团长不想带他去。他便编了一段顺口溜在村里到处唱。我们小孩也跟着唱，那顺口溜便在村里传开了。那顺口溜至今还记得几句：

“北道阜，大馒头，糖糖水，甜得很，大娄不让去……”

据说，他的父亲也曾给他张罗过娶媳妇的事，可是谁肯嫁给一个半疯半癫的人呢？所以至今还是他一个人生活。村里人说，他现在上了年纪，又不会种地做生意，每逢村里谁家有红白喜事他都自己主动来，给人刷洗碟碗混饭吃。我父亲去世时他也来过。家里给他准备的洗碗毛巾他不用，拿了自己的专用洗碗毛巾来。他一进门顾不上擦汗就干活，劝他休息，只是嘿嘿一笑，又埋头干起来。

庙背后村的傻子叫养明，这是村里他们几位中唯一有正规名字的，据说这名字是他爷爷给他起的。他说话吐词也不甚清楚，腿脚有些不便，走路像小时候得过小儿麻痹，一瘸一拐。他家里地里的活全由他一个人干。常见他担着粪担从我们村口经过。最有趣的是村里有人使坏怂恿他，让他去向他父亲要媳妇，别人唆使他说只要躺在土炕上不起来，他父亲问起，只说“大了”，他父亲就会替他娶媳妇。他果然回家躺在土炕上，他父亲叫干活不起来。因此，只要村里人一见他，就故意取笑着喊他：

“养明，大了吗？”

后来听说他病犯得厉害，竟将家里的土炕拆掉，就睡在地铺上。生活很是凄惨，具体什么结果就不知道了。

北庄村有两个哑巴，看见我们朝他们吐唾沫就追着打我们。他们俩衣服穿得十分干净，从外表上根本看不出是残疾人。每当别人提起南庄的拐货、二队的瓜牛牛，他们便伸出小拇指，对着小拇指直吐唾沫，一脸的不屑。他们也从不和牛牛他们来往。后来听说他们都找了媳妇，生的孩子都和正常人一样，也该上学了吧。

南庄还有一个，村里人都叫“瓜求子”，他父亲会唱戏，常装扮戏里的坏人，比如司马懿之类，一出场就让人厌恶。但大人们都喜欢听他唱戏。也有人说，他遇到不会唱时嘴里直哼哼。我亲眼见他有一次装扮司马懿出来，竟将嘴上戴的胡子忘在了后台，直演到司马懿捋胡须时才发现不见了胡子，赶忙又跑到后台去戴胡子，然后出来再接着演，引起台下哄堂大笑。他儿子瓜求子专欺负我们小孩，到处打架。我们很不喜欢他。后来，听说他竟强奸本村的一位瞎子妇女。人家儿子外出回来发现将其堵在屋内，当场用菜刀将他劈得头破血流，不久便死去。

二队村里还有一个怪人，已不知叫什么名字，不呆不傻，但经历却有些古怪。据说他在上小学一二年级时，村里有人使坏，怂恿他在村边的窑洞内写反对毛主席的话。他便在窑洞的墙上写了，当即被人举报。那个时期，这还了得，小小年纪便被当作政治犯来审判，最后竟坐了 15 年的牢，走时还是个孩子，回来时已 30 岁左右，真是又冤枉又奇怪。

村里的有些事渐渐地模糊，而这些事还记得，越来越清楚。

2006 年 1 月 20 日草

我想叫她“妈妈”

她是我儿时伙伴的母亲，但我和她的儿子一样，被同样地宠爱。

她摆着一个小货摊，有水果糖、瓜子、大豆之类。每次赶集，她都吃力地担着那两个和她近乎同高的大竹编筐子，一摇一摆地到集市上去。她见到我，照例地从筐内抓起这些东西直往我兜里塞，嘴里还不住地说：

“孩子家就喜欢吃这个……”

不知为什么，我对她起初是含着特别的敬畏的，也许是受了母亲警告的缘故。我的母亲曾说，个子矮的女人，是心眼特别小，鬼主意特别多的。这也许是看人的心思，是以身材的胖瘦，个子的高低衡量的缘故吧。当初，我真以为是这样，因为有好几次，我看见她捡起丢在路边的小馍块、土豆之类，嘴里还不住地嘟囔。

她家距我们上学的学校并不远，下课几分钟就可以走到。冬天，我常常跑去，坐在她发烫的炕头，将脚捂到被窝里。她照例是黑着眼圈，笑嘻嘻地端来热乎乎的玉米汤；她照例是用围裙边搓着两手，微笑着看我吃；我也是照例地边吃边和她儿子听她男人讲一个又一个的故事和笑话。她看着我听得痴呆呆，忘记动筷子的入迷神态，照例是微笑着责怪他：

“死老头，就知道哄孩子……”

到收拾碗筷的时候，她还总是心疼地责怪：

“饭量鸟似的，还是个男娃……”

她的手臂粗得像男人的胳膊，臂膊通红，赤铜色，活像两根结实的棒槌。每当搓我冻得青紫的手，她双眼静静地盯着我，总还是那句话：

“好俊俏的娃，女孩的模样，要是我生的，多好！”

于是，我笑了，她也笑了。不知为什么，那时，我真想喊她一声“妈妈”，像叫我的母亲，但我终于没有叫。

逢年过节或庙会请神唱戏，乡下是最热闹的，只有这时，女人们才打扮得焕然一新，穿起平时从不舍得穿的衣服，头梳得油光可鉴，在金色的阳光下发着亮。她们或拉着女儿，或抱着孙子，成群结队地到戏场去。那一个个不安分的小家伙，或嘴里吹着泥口哨，或手里捏着吹糖人。有在大人怀里东张西望的，有在人丛里钻来钻去的，也有被大人怒骂的。可是，这些鬼精灵，大人们稍一松手，便钻到人群里再也找不见了。总之，他们都说着、笑着。在戏场内，有嫌戏演得迟对着戏台咒骂的，有焦急地在人群中踮着脚四处张望寻找伙伴的，也有偷偷往男人堆里瞥的，有怨恨自己心中的“名角”今天没有扮戏的，有议论演员唱腔的。在戏还没有开演之前，一切都是乱套的。

她也照样梳着蜜蜂趴不住的头。她还是那么忙碌。她的货摊前还是圈着一大群孩子。她的大女儿穿得整整齐齐还是老远地站着看。终于，她看见我了，于是，又将我牵到她的货摊前，照例是一边装，一边不住地嘟囔。末了，她硬塞给我两角钱，叫我去买哨子吹。那两角的钞票虽然并没有我进城后，父亲的同事、朋友给我塞的拾元的大票子多，但我还是常常忆起。

我要走了，要随着父母进城了。我去看她，告诉她我要走了。她似乎有些伤感。抚摸着我的头说：

“娃！不要忘了婶子！——进城了！要学乖！不要乱跑，城里乱，出门要有人领……”

这就是她说给我的，我听得出，她很伤感。她便将那水果糖、瓜子、大豆直往我兜里装。装得很满很满，胀鼓鼓地从兜内往外掉，可她还是不停地往兜里装。

就这样，我离开了她，告别了故土，开始了新的生活。刚进城，许多事都不习惯。比如说，母亲告诫我不许再像住在乡下那样到别人家随便串门，门要随时关好；别人给东西父母不点头，是不许接的；到别人家做客，不能乱动别人家的东西；别人夸赞，要对别人有礼貌地微笑……每当我要做这许多繁缛的礼节，每当我要像尽“义务”似的，必须履行这种“职责”时，我就想起乡下那毫无拘束的生活；想“妈妈”矮矮的个子，黑黑的眼圈，通红粗实的臂膊；想那暖烘烘的炕头，那金黄金黄的热乎乎的玉米面糊糊，那揉得发皱的、褪了色的两角钞票。但那一切再也不会有了，我再也不是乡下的野孩子了，我遇到的再也不是我始终没有叫出的、心目中的“妈妈”了。告别了，我始终再也没有见面的“妈妈”。告别了，那让我值得回忆，始终不能忘记的童年。

后来，我也知道了一点儿她的消息，是母亲从乡下带回来的。她时时问起我，总是急切地问：

“娃咋没有来……娃好吗？……”

母亲总是替我搪塞着，说我在上学，后来又太忙……末了总是见她垂下头，手不时地在衣边上搓着，喃喃自语地说：

“娃长大了，娃再不是个孩子了……”

她说她想我，总想见我一面，好好看看我。母亲回来也常常劝我回去看看她，但我总是没有去。不知为什么，虽然我心里从来没有忘记过她，但我又怕见到她。人也许就是这样，生活也许就是如此。也许，我这样的境遇，不见她要比见她更好，给她以希望比没有希望更好。

她说她总想给我捎一点儿东西来，可是娶的大儿媳十分厉害，一切都管制着，所以总不能够。结果，她还是捎给我一包东西，有水果糖、瓜子、大豆……我所知道的关于她的事，就只有这些。

记于 1994 年 7 月 10 日

我要在温爸坟头种香蕉

温爸死了，死了已一年多了。

我常常想，温爸死时我没能见上一面，等我的境遇好点儿，我一定，一定去他的坟上看看。因为，我有好多好多的话要对他说，我的痛苦、失落，连同我的悔恨。

但我的境遇却越来越坏，终于，我一拖再拖，直至现在，也没能去他坟上看看，这是我最大的悲哀。我认识温爸，连同他死的一年算在内，大约有两年多。那时，我违背了许多人的意愿，非要经商不可。首先阻拦的是父亲。先是规劝，然后就怒骂，但父亲终于没有动手打我。因为我的个子比他高，他已打不过我。

有一次，一个乡邻突然对我说，带我去做生意，去正正规规做生意。受尽了单位冷落、白眼的我，被领导看作最不会“活人”的我，突然萌发了这样一个念头，与其这样半死不活，还不如趁着中国的经商热，下海去。其实，人有时常常就在这一念之差，不但可改变人，也可毁灭人，要不然怎么会有“一步走错，百步难回”啊！

但我的下海经商，可谓“逼上梁山”。现在我想，当时我为什么不老老实实的呢？我为什么不逆来顺受呢？为什么要和单位领导过不去呢？倘若是现在的我，决不会那么去做了。

我后悔了，但我已掉在泥潭中不能自拔了。于是，只有任其往下陷。此时，我也想温爸，特别特别地想他，倘若我那时将他说的话只听进去一句，也绝不会是今天这个悲惨的境遇，也绝不会这么不能自拔，也绝不会像蝙蝠似的生活。

据老辈们说，鬼经常走“夜路”，经常偷偷摸摸地顺着墙根走。我和鬼又有什么两样呢？我想起温爸的眼睛，那种常常对我说话时的眼睛，便预示着我的将来一定要后悔，而且一定要想起他的那双眼睛。

每当我想起那双眼睛，我就不由得打一个冷战。我想逃避而又逃避不掉的眼睛。据说，伍子胥临死时要人将他的脑袋割下来挂在城门上——

他要亲眼看着越国灭掉吴国。

此时，我也体会到吴王夫差死时为什么非要将他的眼睛用布蒙起来。

一天，胡经理，一个胖胖的人，突然对我说：“我给你介绍一个人，一个在生意上合作的好伙伴……”

当时我并没有在意，直到胡经理第二次说起温爸，我才答应见见他。老实说，我最难以接受的就是“生意人”那种龌龊，生活上的那种放荡与漫不经心。

但温爸全不是这样。

他租借了别人的一间房子，收拾得很干净。尤其床单，并没有离开家跑“单帮”的那种男人的懒惰。床单洗得很干净，被子叠得方方正正地放在墙角。他看上去很精瘦，穿得很干净，虽然衣服并不那么时髦，却很得体。房子内有一张方桌，桌上架着一台彩电。此时，说他完全是一个农民，不像，虽然他的皮肤黝黑，却没有乡下农民的粗糙；说他完全是一个商人，也不像，因为他没有豪华的装束，也没有商人那种大腹便便的气质。

温爸就是温爸，他给人的是一种另外的气质。

以前，温爸都是自己一个人跑，跑煤炭运销。别人都争先恐后地搞有烟煤，他却单独搞无烟煤。他也常受骗，他先发给别人煤炭，可他的煤款，到他死，也没有全都给他。

俗话说有钱的人挣钱好挣，没钱的人要挣钱就很难了。温爸虽然帮不上忙，从他常常来的急切的眼神看，他对我有着很大的期望，但我给他的失望也就恰在于此。

我的悲剧就在于不但没有钱，还到处瞎折腾。

当时好高骛远的我，怎么能听得进去他的话呢？他要我老老实实地陪他跑煤炭。他慎重地对我说过不止一次："枫，一切要从实际来！只有实实在在地吃苦，能者才能成功……"

在当时的中国，有一位"大人物"被吹得很响。他是一位富翁，其之所以成功，就是因为他惯用"空手道"。在没有一分钱的情况下，能换来外国人的洋飞机。对他崇拜得五体投地的我，无论在何处，甚至连上厕所都捧着他的传记的我，怎么能听进去温爸的一句话呢？

不，我也向往着换飞机，我也向往着开发小三峡……

现在，让我最伤心、最悔恨、最对不起温爸的就是他虽然不赞成我向往的"空手道"，但他是尊重我的，他不忍心伤害我。倘若说我要用钱，他就会尽力地满足我。我携着这些款，上山东，下河南，跑上海。跑来跑去，不但没有玩出"名堂"，玩来外国人的"洋飞机"，反而，不但自己背了一身债，也将温爸的钱全都赔了进去。

此时，我才知道他得病的消息，还是胡经理告诉我的。说温爸的肝癌已到了晚期，房东意见很大，怕传染，不要温爸住了，让他赶快搬走。我见他时，人已瘦得厉害，但腹胀如鼓，像怀了孕的女人。此时，我的眼泪吧嗒吧嗒地往下掉。我想说什么，我又能说什么？我心中悔恨、痛苦、愧疚……

他还是笑着，但已笑得很艰难、很吃力，脸部的肌肉已开始僵化。

"枫……一切要靠自己，不要轻易相信任何人，……抓着驴尾巴走，永远也走不到人前面……记住……”

这是他说给我的话，不料成了最后的话。

有一天，胡经理匆匆跑来说，温爸住院了。他时而清醒，时而昏迷。胡经理说温爸想我，在昏迷中喊我的名字。他要我去看看。他说去时给温爸买几斤香蕉，他说他想吃香蕉。

“也许，这是他最后的时候了……”胡经理这样说。

我忽而忆起了，我们相约只要挣了钱，首先要买一大堆香蕉，美美地吃一顿……

这是温爸的意愿。

但没有等我去看他，他已离开了人世。我并不是有意拖延。我不想，不想让温爸看到一个十分落魄的我，不想让温爸看到我的这种境遇。此时，我觉得不见他比见他更好，见到要比不见到更伤心。我宁可给他一种事业忙碌中的遐想，而不想让他一眼就看到我的全部。

别人都为温爸送葬，而我一个人坐在桌前流泪。但我的眼前有一片香蕉林，就种在他坟的周围。我一定，一定要实现这个愿望。

尽管，北方根本就不能种香蕉。

1996 年 7 月 19 日记于东书屋

琐　忆

一

很古很古的年代，大约是春秋时代吧，发生过这样一则笑话：有一个燕国人，从小在楚国长大，要回到他的故乡去。路过晋国，他的朋友就骗他，指着一座城对他说：

“这就是燕国的城。”

他脸上立即变了颜色。那人又指着一个神社说：

“这就是你乡里的神社。”

他听了大为感慨，深深地吸了口气。朋友又指着一幢房子对他说：

“这就是你祖先的房屋。”

他心中酸楚，眼泪止不住地流下来。后来，他的朋友又指着一座坟墓对他说：

“这就是你祖先的坟墓。”

他便忍不住哭起来了。朋友不禁哈哈大笑起来，说：

“我都是骗你的，这是晋国呀！”

他大为惭愧。

及至来到燕国，真的看见燕国的城郭和神社，真的看见他祖先的房屋和坟墓，他悲伤的心情反而变得淡薄了。

我的父亲躺在病床上有一年多，我们常常往来于医院与药铺之间，他常常是一会儿轻，一会儿重，一会儿输氧，一会儿要打强心针。我们也是常常地陪着知名和不知名的医生在他的病床前。每个医生开的药方和用的药都“差不多”。我们也近似那要回家的燕国人，对父亲的病也渐渐地淡漠起来，缺少了当初一定要将父亲救治好的热情。

不料，父亲竟会走得这样快，连一句话都没有留。

父亲在最后的时刻，嚷着不是要见这个儿子，就是想那个女儿。我们总是以“忙”为由推托着。不料想，这种推托，成了父亲死前的遗憾，成了我们终身的悔恨。

父亲是很爱我的。

我们的邻居有两个儿子，大儿子是大学生，小儿子还是大学生。他走起路来腰板挺得很直，脖子伸得老长，头梳得溜光溜光顺在脑后，见熟人或不熟的人，总是故作亲切地问：

“你的儿子在干什么？”

而现在回想起他那种挺起腰自豪、高傲、满足的神态，也就明白父亲何以要我拼命地读书了。

父亲陪我去学校，使我终生难忘的有两次。

第一次去学校，是我由初小升初中考试的那天。暴雨从前一天夜里到第二天早晨下个不停，从山上下来的洪水将小镇的马路都冲断了，满街道是汪汪的齐大腿深的洪水。当我在水边急得团团转时，父亲却脱下鞋子，系在腰间，将裤子挽到大腿根处，蹲下，要我趴在他背上，要背我过去。望着那么大的水以及父亲有些苍老的、单瘦的身体，我怎么也不肯，但又没有其他的办法。我违心地、怯怯地说：

“要不——我们回去吧……”

父亲半蹲半跪的身子似乎一震，但他始终没有回头，没有动，坚定地蹲在那儿。我只好乖乖地趴在他背上。父亲深一脚，浅一脚，趔趔趄趄、摇摇晃晃地蹚过洪水。那虽然是十多年前的事，但我至今还依稀记得父亲脑后那稀疏的白发。作为父亲，背了二十多年的艰难、沧桑、困苦；背了不应有的屈辱、冤苦；背着我，也背了他的希望和憧憬。

第二次则是我已升入初三。那天，我们坐在教室里上自习课。透过窗户，看到突然飘起大雪来，雪花碎纸似的漫天飞舞，没一会儿，房顶上、树枝上、地面上一片白。我开始发愁如何回家。当我随着其他同学涌出教室，在教室外院子的雪地里，看到了那个熟悉的身影，竟是我的父亲。他已成了雪人，头上、眉毛上、胡茬上、抱着的衣服满是白沙沙的雪。

我的眼睛一下子模糊了，内心觉得堵得慌，嗓子里有一股咸咸的味……

这是好多年前的事。虽然父亲已去世，这一切成了回忆，但是，直到他去世，到处颠沛流离、流浪似的我，哪有给他丝毫的心安呢？他一生对我热切的希望也只是泡影而已。这是留给他一生的遗憾，也是永远折磨着我的悔恨。

每当感到绝望、寥落、沉沦，想逃避、偷懒时，我就想起父亲，父亲单瘦的背影，还有那雪地中雪人似的身影。

他是我永远不屈于生活，努力奋争，勇于活下去的力量丰碑。

二

我曾答应过，我要为母亲写一点文字，一定要为她写。现在，趁她还能看到，我想给她写一点文字。对她是一种安慰，对我也算是一种解脱吧。

父亲被剥夺了一切自由的权利，家里就只剩母亲和我们几个孩子。所以，种种的艰难和不幸便落到母亲一人头上了。在中国本就如此，倘若你的男人是坏人，作为妻子、儿女者，就不是“好东西”，所以要给你种种冷遇的。

那风箱的声音，我现在似乎还能听到；那炉灶中闪烁的火苗，我现在似乎还能看到。

北方的农村人，一般早早就睡觉的。虽然，外边夜幕才降下，虽然，也有男人们还凑在一起，抽一会儿旱烟才去睡的。此时，我的母亲却因为缺柴少米的一顿饭而忙碌。母亲的脸被火光映得通红，满脸焦急，不时揭开锅看看，拉风箱的手，来回拉得更忙了。

我家屋檐下，有一口泥锅台，全家大小就靠它吃饭。风雨斜到廊上，母亲的头发、背上常湿得直滴水。虽然，隔壁的三婶经常来，也夸赞我们都很“聪明”；虽然，她家后院的柴堆得小山似的高，每年烧不完只好眼睁睁地看着腐朽掉，但每当她看到母亲，脸总是蹙缩得像一张皱纹纸；虽然她家面柜内的面始终装得满满的，但见到母亲，总是忙说：

“我家也常缺吃缺穿的，‘死鬼’又天天往家领人……”

二哥开始入学了。学费是一元钱。可是当时的一元钱，对于这个困顿的家庭，比找寻一万元还难。母亲不得不向别人张口。三婶的脸还是蹙缩得像皱纹纸一样。

“啊呀呀！她婶子，你看你！我有能不借给你……”

这一夜，母亲哭了。她是为孩子，为这屈辱和贫穷而哭了。

父亲终于平反了。

我们全家随着父亲进了城。

我们要走了，屋子里聚满了人，寒暄的，问候的，说的，笑的，叹息的，称羡的……

三婶也来了。末了，她一个劲夸母亲福气是如何大，这一辈子没有白活……

但我痛恨这里的一切。虽然，母亲责备我不该这样想，但我看到那一张张脸，那笑声，那寒暄，那问候，还有那称羡，心里总不是滋味。

事隔几年后，我陪着母亲又回到家乡，去看那老屋，那小小的早已坍塌的锅台，那寂静的院落……

我们又见到三婶了。她的脸越发蹙缩得厉害。不过和母亲一样，苍老多了。我们原是在一个亲戚家吃饭的，可是三婶不让，非要让我们在她家吃不可。于是，她将我和母亲硬拉到她家，赶忙从箱内给我们取出新的被褥，铺在炕头，非要我和母亲坐上去。她不停地挪着小脚来回忙碌，嘴里连连地说：

“她婶子，命大！福大！咋只是享福，老来有福……”

忙乎了大半天，她给我们端来了她“精心”做的饭菜。不知为什么，我总觉得没有童年时她给我的一块馍吃起来香甜。那时，吃着香甜的馍，我似乎很感激她。

现在，没有了这种感觉，相反，竟有一种异样的、说不出来的滋味，心里分外沉重。

我的母亲就在这困顿、艰难、生活中的种种冷遇和屈辱中度过了那艰难的年代。虽然困顿的生活过早地摧残了她的身体，但她的精神却很好。

愿她幸福、快乐地度过晚年。

1993 年 7 月 2 日

1997 年 3 月 7 日整理于东书屋

善　婆

善婆死了，死得很突然。我听到这个消息时，也感到很突然。

人生也许真似庄子所说的“如白驹过隙”，好端端的人，怎么说死就死了呢？

老实说，她活着的时候，我并不大喜欢她，村主任要派父亲去看果园时，她却诅咒说我父亲去，果园内的土都会被偷吃掉。

这是我讨厌她的原因之一。

况且，村里有事，她经常骂别人叽叽喳喳，但这之中，又偏有她。她的头发经常梳理得油光可鉴，临出门还要吐点唾沫用手抹到头上，让人常常觉得很不舒服。据说吃大锅饭那会儿，倘若是王婆分汤，就从锅底勾着盛汤，倘若是她，不但从锅面上盛汤，就是锅内偶尔有掺和的小土豆块之类，她也会轻轻地用勺子拨到一边。这只是我听母亲和别人闲聊时说的。

自从父亲平反以后，我们回乡里去，每次她都来。而且，常常在胸兜内兜着我们孩子喜欢吃的桑葚、梅果之类，堆在桌上美美的一堆。她匆匆地来，说一通关心话，又匆匆地回去。

她的男人，我要叫四爷。他冬天裹着青土布的棉袄，夏天穿一件破汗衫，常常赤着脚满村走。四爷常常赌博，而且，一赌起来就没完没了，几天几夜都不歇。村里流传着这样一则笑话：说是四爷年关去外村赌博，输昏了头，晚上回家来拿钱。到达村溪沟里，他用头打破了沟内泉水的冰，美美地咂了一口凉水，给山神爷磕了头，许了心愿，结果一下就赢了几百元。

但善婆却说跟了四爷一辈子，四爷的钱从不下身，宁可将钱藏在院墙缝里、废弃的鼠洞里，对她，连一分钱也不给花。但这些只是善婆气愤时才唠叨的。男人似乎注定要掌握着女人，善婆对这事也很坦然地接受。

有一点我是不喜欢她的。我曾清楚地记得有一回她和别人叽叽喳喳地说我家里的事，似乎在说我母亲，但当着我母亲的面，又改了口：

"啊呀呀！她嫂子，咋只是命大、福大……"

据说她的娘家是很阔气的，因她是她父亲的小妾所生，所以并不被看重。但每当别人看不起她时，她就愤愤地向别人说：

"先前！我娘家比你们阔多了啦……"

就这么一位一辈子只在山沟内，没有见过大世面，连进趟县城都要啧啧向别人夸耀许多天的老人，竟突然死去了。

虽然，陶渊明先生说"亲戚或余悲，他人亦已歌。死去何所道，托体同山阿"，但我心里却有一种悲凉和失落，使我不由得想起这些事，写了以上这许多的文字。

2002 年 1 月定稿于怡文斋

我的外婆、大舅、舅妈

一

外婆今年近百岁，和冰心老人是同年，也是属兔。虽然，有人建议应赶快申报政府部门，说外婆活到百岁不容易，应该政府养老的，但至今她还是一个人住在乡下那破落的院子，那破旧的老屋里。

外婆有五个儿女，但我记忆里的只有四个，一个大姨、一个母亲、一个大舅、一个小舅。虽然大舅不是外婆亲生的，但外婆把他当作自己的儿子一样从小拉扯大。

还有一个大姨，很小很小就已送给了别人，所以我不知道。

外舅爷死时大约是1960年，正是中国的灾荒年。他比外婆大整整二十多岁，每天拄着拐杖到村外的火车道边打道砟石。一个傍晚他往回走时，大约饿昏了头，栽倒在铁道边的深沟内，再也没有起来。

外舅爷死后，大家提议将灵柩搬到家里来，但外婆死活不答应，说按乡里的风俗，死人不能进庄，得按庄里人的风俗办，于是就将外舅爷的灵柩放在村外的破庙内。但那晚，外婆谁也不要，独自守在外舅爷灵前，一眼不眨地整整守了一个晚上。

四十多岁她就守了寡。

小舅坚持要将她接到城里去住，但她死活不肯，说小舅一个人挣工资，养活全家五口人，加上她，更无法生活。

所以她死活不肯去。

大舅死前，瘫在炕上，家里人怕大舅的屎、尿弄污炕席，于是便限量给饭吃，给水喝。外婆常常将怀里揣的馍偷偷地塞给大舅。

外婆最想的就是过年，只有这时小舅才可从城里回来。每到小舅来，她藏的舍不得吃的东西已全部腐烂、坏掉。

但她一有好东西就给小舅藏。

小舅得了肠癌，去世了，但谁又敢将这个不幸的消息告诉一位百岁老人呢？于是大家就用谎言骗她。

她竟信以为真了。

每到年关，外婆照例拄着拐杖，到能望见火车道的小圆门前，倚着墙，站在风雪中，等小舅回来。别人谁也劝不回去。

她常喃喃地说：

“娃儿该回来了……娃儿会回来的……”

……

二

大舅去世已好几年了，我却常常想起他。

他的腿上，活似蒙着蛤蟆皮，一块一块排得密密麻麻的肉球，十分吓人，我小时候连看都不敢多看一眼。

听外婆说，那是舅舅年轻那会子撑船被河水凉渗的。

我们亲戚的孩子都怕他，因为他十分爱“骂人”。

大舅家的麦场院里种着一棵桃树，桃子还未熟时，我们几个小孩曾相约去偷偷打桃子吃，被他知道了，他骂舅妈没有看管好我们，气得舅妈直要去跳河。

他是十分勤劳的，天不亮就到地里去干活了。当别人歇乏时，他就抽空去半山腰、地埂上割柴草。他割的柴草，院子里堆得小山似的高。

可有人还是不喜欢他，说他是“穷命鬼”。当我家搬进城时，大舅总是说，他想借看我母亲的机会，顺便进城看看。可是，钱都在表哥老婆手里，不给他。

所以，总不能够来。

于是，他拼命地挖山药材积攒钱。可是一天晚上，和他一起睡的表哥的儿子将他积攒的钱全都偷了去。

他常常跑到五里以外的镇上去赶集，但每次只买一角钱的葱回来。

我记得的就是他穿着油夹袄，满脸带汗，腋下夹着葱的身影。

到死，他连街上仅一角钱一个的油馍，也没有买着吃过。

如果说舅舅算不得好人，有时就是因为他忍不住爱骂人。

可是，他害的病却偏偏是半身不遂。

他只能成天躺在土炕上，尿、屎都拉到炕席上，整个席缝里似糨糊糊过，黏糊糊的臭不可闻。

有一次，他哭了，嚷着要饭吃，要水喝……

他就在一个半夜里死去了，连他具体什么时候死的，都弄不清楚。

他终于没有能进城看看，他就这样进入了棺材，被埋到了地下。

三

舅妈和大舅只隔着几天，也离去了。

我记得最清楚的是因为我们偷了场院里还没有成熟的桃子，大舅骂了她，气得她直要去跳河。

每当我去看外婆，舅妈最关心我肚子的饥饱。在中国那年头，对人最大的关心和爱护就是让他“吃饱饭”。舅妈是深知我们家的家境的，她常常端来她烙的高粱面的馍，吃在嘴里，像面包似的，又可口，又香甜。真没想到，那发涩的十分难吃的高粱面，经过她的手，会变得那么好吃。

倘若评高级厨师的话，我想，她一定能评上的。

她和外婆相处是最好的，是全村的楷模。外婆八十岁，她七十岁，相差只有十岁，但她经常给外婆梳头、洗衣服，挪着小脚做饭。

可惜她死得早，竟然走在了外婆的前头。

她的气管有病，只要一咳嗽，连气也上不来，只用双手使劲捶着胸部，口张得很大，舌头伸得很长，咳嗽过后，脸涨红得厉害。

做饭、洗衣、喂鸡、喂猪、看护孙子，全都是她一个人干。表哥的老婆却经常满村去游逛，还说闲话。

她还是不喜欢舅妈。

因为据说她和大舅一样是“穷命”。

大舅一死，谁能料到，她会突然死去呢?

他们就这么匆匆走了。今年我到乡下去，又去了表哥家，我想看看他们的照片，想再看看他们，可惜表哥没有存留，我终于没看到。

他们本就是这么两个普通的人物，该忆起他们的，都已忘记了。

留给人的只是一点淡淡的回忆而已。倘若真有什么天堂的话，我希望他们进入天堂，过得幸福。

至少，要比在这人间过得好。

1994 年 7 月 1 日

1997 年 3 月 2 日整理

2016 年修改

赵　婆

赵婆死了，她终于死了，作为村里人，终于舒了一口气，村内再也没有了惹得“四邻不安”的“疯婆”。而对于孩子们，则是一种缺憾，缺憾村内少了一位能多卖给五颗大豆的“老货主”。

有一次，她将油灯瓶内的煤油倒在锅内，说要烧房子，吓得她的小儿子大喊村里人。但看到她最多的就是满身污秽，在村内到处转，一见孩子，故意做了种种的“怪脸”，吓得大人怀内的孩子大叫。因此，大人们曾很不满意她。

她有三个儿子：一个当乡长，一个在县政府做什么头头，还有一个在乡下。她就住在乡下最小的儿子那里。

她说过，她只要来逛县城，一定会来看我的母亲的。可是她来过一次，并没有到我家来，也没有找我的母亲，而是哭着回去的。

她的脚还是裹得很小，走起路来一摇一摆的，似乎要跌倒。她虽然已六十多岁，但额头上却很有光泽。

她摆着一个小货摊，每逢赶集，都由她的儿子担着担将她送到集市上去。我们倘若要买大豆之类，竟可直接到她家里去。也许是同村的缘故吧，一角钱五十颗大豆，她常常给我们多加五颗。可是，当我们要求再多添时，她便死活再不肯加。

她的儿子在县城做事，她曾亲自跑来县城看儿子，但他儿子嫌她太土，丢了他的“脸”，于是很不满，不许她再来。就是她哭着回去的那一次。

可大儿子上学时，她省吃俭用，是靠她养的几只老母鸡下蛋换钱供他上学的呀！

从此，她再也没有进过城，照例地摆着小货摊。每逢赶集，还是由小儿子照例地送她到集市上去。据说，她的大豆一角钱可买六十颗，要是熟人，还可以添五颗，要再添，她就死活不答应了。

可是，为什么偏在她死之前，会得时而清醒，时而疯癫的病呢？

1994 年 10 月 25 日

唠叨的长婆

她住在村内破旧的场院里，所以大家叫她“场婆”，时间长了，她的腿长得细长，大家反而叫她“长婆”了。

我最不喜欢她。比如说，她家门前有棵大杏树，当杏子快要熟时，她总是守在树下，只要看到我们，就大声喊。当碰到我们的母亲，她却总是说：

“娃娃总是嘴馋——等杏子熟透，一定给孩子吃……”

可每到杏熟，我们还不知道，她就已拿到集市上卖掉。见到我们，她又会说：

“哎呀呀！你看你，杏熟了，又不见你……”

但每到我的父亲进趟城回来，她必定要来的。虽然她嘴上在问我父亲城里的新鲜事，但眼睛不住地往父亲拿来的包上瞟。

父母亲总要将城里拿的糕点之类给她分一份，还要我送去。说真的，给她送东西，我是极不情愿的，有好几次我真想将盘子里的糕点全都偷偷吃掉，但怕父母亲知道责骂，又不敢，于是只好憋着气送去。

她还是那样，还没进门就说个不停。

“看你母亲——总想着给我留着——给你们吃还不够——又给我送来……”

她的手却已接住盘子。每次临出门，又照例是那句话：“看你母亲——给你们又没给的——空盘子往回拿……”

当然，我也有喜欢她的时候。比如，当我的母亲打我时，她总是护着我，将我抱在她怀里。末了，她领我到她家里，给我一块大白面馍吃。

她的男人十分能骂人。村里的人他不满意就要骂，而且骂起人来声音很大，活似戏台上过五关斩六将的关云长。因此，她家我很少去，即使在村里碰到，也是远远地躲开。

据说，她的婆家是地主，很有钱，地下埋了许多银子，可惜她的公公死得急，没有赶上说，总找不见。这几年，听人说，她男人总是一遍一遍地挖掘院落。大家疑心和找银子有关，但他们的境况并没有多大改变，单是老了些。

现在，她已很老了，又害着结核病，所以天天咳嗽，咳起来没完没了。儿子挣的钱由媳妇管着，不肯给她医治。

但不管怎么说，我看她是活不长久的。我到乡下曾见过她，拄着棍，驼背，瘦得像干柴，咳嗽更厉害了。

现在，没有她的消息好长时间了，大约是死了吧，我不知道。

1993 年 8 月 6 日

眨眼的王婆

她不许她儿子和我玩，也许是因为我曾喊过她男人的名字吧。

她嫁来时，据说是很阔气的。用花轿抬来，喜事办得很热闹，曾杀了四口大肥猪，全村的人吃了好几天还吃不完。可惜，这只是关于她的传说。

我对她含着特别的敬意。母亲曾说 1958 年吃“大锅饭”那会儿，她是厨房掌勺的。倘若是善婆掌勺盛汤菜，勺边的小土豆块会轻轻拨到一边。可她舀饭的勺子经常是盛得很满的。由此，大家得出的结论是——她没有遭到天祸，就是因为她那时做过好事。

她走路膝盖常弯曲着，膀子甩得很开，手里好似拿着东西要往远处甩，眼睛不停地眨，眨得很厉害。

在她的院子里，长着两棵很高的梨树。每年，上面都要结许多梨子。但她总是害怕我们孩子偷摘树上的梨子。每当我走进她的院子，她总是盯着梨树赶忙对我说：

“梨——还没有长好，长好——一定给你吃。”

可是，每到梨成熟，我还不知道，她已将梨全部拿到街上卖掉了。

连她的儿子，也不给吃。因此，我们常常背后暗暗地叫她“小气婆”。

我经常找她的儿子一块儿去玩，但她是不喜欢我们来往的。不像狗蛋的父亲，不仅让我们一起玩，还亲自给我们削弹弓。记得那次喊她男人的名字，那时我们大伙正爬至树上掏鸟蛋，不料被她看到了，吓得她在下面大喊，一再叮嘱我们小心扒住树干，慢慢往下滑。等我们下来，她不但打她儿子的屁股，也打我们，说是再不许我们一起玩。于是，我们就老远喊她男人的名字。

由于这件事，有好长时间我不到她家里去，也不去找她的儿子玩。

她的男人还偷偷地抽大烟，瘦得像干柴，风一吹似乎就要倒，很少干活。因此，地里、家里的活全都由她一个人干。每到夏天，中午吃完饭，她总是光着膀子坐在树荫下，手扇着破扇，胸前的肥乳一颤一颤的，像倒挂的葫芦。

后来，我才知道，她并不是只有一个儿子，她的大儿子去当兵，据说当到了团长一级的“大官”，可惜从不来家里。我从没有见过，也没有听她提起过。

我所知道的她以前的事，仅此而已。

前年夏天，我到乡下，又去看她。黑着灯，她只是盘着腿静静地在土炕上坐着。她还是那样，单是老了些。她问我的母亲，问我的境况，问城里……

临了，她唠叨说现在村里的妇女全不像以前，互相只是搬弄是非，弄得全村都“鸡犬不宁”。

她说她的男人还抽大烟，而且抽得很凶，她的大儿子，还是从没有来过。

记于 1998 年 6 月

打毛毛的女儿

突然，寂静、闭塞、落后的小村镇突然炸了锅，人们像突然遇到洪水猛兽般争相诉说着。

“毛毛的女儿回来了！”

她不但回来了，还烫了发，头发像羊毛似的全是蜷曲的。尤其是，让村镇上的人无法容忍的是她不但烫了卷发，竟还穿了一条长长的喇叭裤，裤口有人形容比村上队里喊人干活的喇叭口还大。一走路，像扫帚似的一摆一摆，直拖到地上。有人说，她走过的地方，竟不用扫帚再扫，已很干净了。村里岂会容下这样的事。这个村镇上的人历来都遵循着祖辈的遗风，以循规蹈矩、安分守己为本。虽然挣不了大钱，但绝不能做出出格、给先人丢脸的事。在村内老人的心里，乖顺、听话的女孩都梳着长长的辫子，而且，辫子在身后拖得越长、越粗，长得越黑越好，这也是村里人给自己儿子选媳妇的标准。

毛毛的女儿，竟敢将黑黑的辫子剪掉，不但剪掉，还竟敢像城里人一样烫成卷发，尤其，连城里的“规矩”孩子都不敢穿的喇叭裤，她竟敢穿在身上，敢大模大样地到村镇上来。

于是，村镇上的人无法容忍，愤懑不已。有人竟然愤怒得在说话时脸都变了形，唾沫乱飞。

“我要有这样不要脸、不知羞耻的女儿，宁可捏死，绝不容许她丢脸！”

也有人说：“这是上梁不正下梁歪，管不好女儿，还生她干吗？”

也有村里的老太太拉着孙女的手唠唠叨叨地说：

“娃，咱可是规矩人家，不能像她，给家里大人丢脸呀！”

于是，各种流言也出来了。有人说她在城里和多个男人睡过觉；也有人说，有不三不四的人经常给她送钱，包养着她；也有人竟亲眼见过，而且肯定似的说，她比村里经常偷鸡摸狗的不正经人还不要脸，随便烫发，随便穿喇叭裤，什么不要脸的事干不出来；更有人传言，说她和许多男人睡在一张床上。

于是，只要她一出现在村镇上，大家就像发了疯般地奔走相告。有朝着她尖叫的；有朝着她挤眉弄眼的；有朝着她做着下流动作，说些下流话的。当然，有许多村里的妇女一看见她就赶紧躲开，生怕和她靠得太近自己也不正经似的。

当然，也有怂恿我们这群不懂事的孩子朝她扔砖石瓦块的。

记得最清的一次，她顺着村镇上的小沟跑，我们追着朝她掷石块。有大人跟在我们后面递石块。有一块石头砸在她额头上，血顺着她的指缝往下流，大家扔石块更扔得起劲。她捂着头一个劲地跑，大声地哭着。

不知为什么，事隔这么许多年，大人们狼嗥般的狂叫和她歇斯底里的哭声，一直在我心里，使我永远不安。

后来，再也没有了她的消息，有人说她跟一个人跑去外地，没人娶她，最后跟了一个残疾人。

但我们追打她的情景，一直记得，直至现在。

2005年1月28日

爱　花

爱花是给三姐看孩子的女孩。她是我们家的亲戚。

早就听家里人说，新近要来一个看孩子的亲戚，但一直没有来。那时我还在上学。一天中午放学，我一进门，就见客厅里坐着一位女孩。很腼腆，扎着小辫子，眼睛特别小，看人就眯成一条线；脸的皮肤粗红，脖子特别短，头好似从肩膀上冒出来。

她很怕生人，一见我就躲到里屋去。问她，她也不敢答应，叫她吃饭，也躲在厨房内不出来。

从此，她就在我家住了下来。

起初，她虽然干活卖力，但并不怎么会干。擀的面条放到锅内全都变成了面糊糊，特难吃。洗衣，不管是什么布料，全都倒了开水烫，然后是一个劲地使劲揉搓。

渐渐地，家里的一切全都由她一个人干，给孩子喂奶、洗尿布、晚上哄孩子睡觉、收拾房间……渐渐地，一切都顺起来。

后来，我们之间的话也多起来，我也知道了她只上过一年小学，而且已许配给了他们本地的一家人。婆家住在山顶，听说很贫穷，她似乎很不喜欢，但家里要给她二哥娶媳妇，于是将她老早许给了人家。

母亲很信神的，小时，她常常拉着我满院烧香。家神、山神、灶神、观世音、月亮神……甚至门神，统统要给烧香。母亲常常也从灶炉内掐一点儿土来吃。母亲哄我说，吃起来很香，有时也给我一点儿吃，但我始终没有吃过。

进了城，母亲还是满院烧香。

于是，她就常常帮母亲摆香炉、分香、点香，然后跟在母亲后面磕头、作揖，很是虔诚。有一次，她慎重地对我说：

“神是很灵验的……”

从而，给我讲了许多他们本地的神“显灵”的事。现在想起来，我为她能记住那么多的稀奇事而折服。

但我也有不满她的时候。比如家里为她寻的婆家并不满意，但她又不反抗。跟她说，她也只是服从，很认命了。

有一次，她很认真地说：

他们乡下有种治人的办法，倘若不满意仇家，就会将姓名、年龄、生辰八字刻在稻草人上，拜七七四十九天，这个人便不是瘫痪，就是断腿，甚而瞎眼。每说到此，她就一副很恐惧的样子。

我的父母亲是很喜欢她的，说她很勤快，一天干的活要几个人干几天。我就曾亲眼见过她从来没有闲过，早晨比家里任何人都起得早，开始整理房间、生炉子、做早饭……晚上直到全家都休息，她还在给孩子喂奶、洗尿布、哄孩子睡觉，忙个不停。

她家里人来接她，她要回去了。家里接她的理由是：婆家要将她娶过去，不能耽搁。她就这样被接走了。这么长时间没有她的消息，大约已结婚了吧。

但直至现在，我不明白，她既然不满意婆家，为什么非要听她父母的话嫁过去？是由于换亲的缘故，还是她不嫁过去，害怕夫家玩稻草人的把戏？

我不知道，但我隐隐觉得，这两种原因都有，似乎又都没有。

我说不准。

1997 年 3 月 10 日整理

写给熊铂兄

每当我读到熊铂兄评论萧红《生死场》的文章时，常振奋不已。今天，我又读到了他的《读雷达散文》，更不得不按下我这颗激动、兴奋的心，内心极为复杂、矛盾不安，想写点什么。

就为熊铂兄。

当我提起笔，以前的事直往脑海里涌，眼前的那个男孩又从遥远的记忆中走来。我和熊铂兄的相识，是因为他的父亲和我的父亲在同一单位工作。那时，我父亲将我全家都搬到城里来，就挤住在单身宿舍。他父亲只先接了他一个，后又接了他妹妹来，就在城里上学，吃、住都在他父亲的宿舍里。有时我们同时在单位集体大灶上吃，常常碰上。但他从不到我家里来。有时他叫我到他那里去。由于他父亲一见我老虎着脸，没有一丝笑意，我就很少到他那儿去。但更重要的原因是，他学理科，喜欢数理化，尤其对无线电之类的东西特别爱鼓捣。而我，则偏重于文学、历史之类。因此，他一说就是爱迪生、居里夫人如何如何地制造电灯、发明炸药……而这，距我心中的孔子、屈原、李白、杜甫是多么遥远呀！

当初，我自以为提笔弄文，就似古时“提笔定天下”的圣人，多么崇高、神圣，也是多么不可一世，学了文的人，将来不是宫廷宰相，就是名满天下，他心中所谓的那些“人物”怎能和我心中的“圣者”相比呢？

在我们的单位宿舍院子里，还有一位和我年龄差不多的王君。他不但飘逸、潇洒，还和他的父亲一样会要弄拳脚。他屋子内，似古书所说的十八般兵器样样摆放俱全。我不但喜欢他常常晚上在月下舞枪弄棒，更喜欢他竟是学文科的。我知道的他都知道，我不知道的他竟也知道。因此，他在我心中是何等崇敬与羡慕啊！

当熊铂兄每次兴高采烈，甚至手舞足蹈地谈论他所知道的“无线电”之类时，我们总是不欢而散。至今，他那满含失望的神色还清晰地印在我脑海里。

就这样在一起住了几年，随着他考入大学，我几乎没有了他的消息。再见到他，已是他在大学里遭了种种变故休学回来。脸虽清瘦了许多，但还是充满激情，对一切还抱着纯稚的幻想。但这次再也不谈什么爱迪生、居里夫人、无线电之类，而是改谈三毛、席慕蓉、汪国真了。

他对三毛是特别崇拜的，他说他特别喜欢三毛的文章。三毛的文章我能全部阅读完，是得益于他对三毛所有出版书籍的推荐。三毛的文章我是看了，感触是另外的，但要说从心底引起多大的震动，似乎未必。这从我疏忽地遗失他的一本三毛的作品集就可看出我的轻率。他后来竟然也提笔写了，征求我的意见。我也无非说些文学上的冠冕话来敷衍他。老实说，对于他的提笔弄文，我并不怎么相信。连我心中的那位王君，随着境遇的寥落，生活的变迁，已是唯唯诺诺，谈起文学，只说是以前“幼稚的梦”，唯有苦笑而已，何况他呢？

这也就是我错的地方。

他不停地写，写完常常跑来我家让我看，我也照例敷衍着。后来，他竟也觉出我的淡漠，渐渐很少来，终于完全不来了。

后来，我又听到了他的许多事，父亲四十多岁，正当中年之际，不幸得了癌症。紧接着又听到无法疗救，他父亲死去的消息。虽然没有见到他，但从周围人对他家里的突然变故的同情叹息中可猜到，一定是很凄惨和悲苦吧。

这一切之后，我曾经去找他，可惜竟不在。他的母亲接待了我，一说话就流泪。我也无言地坐在那儿，直到很晚很晚也不见他回来。

再后来，就听说他家住的宿舍，单位要盖办公楼，将他们母子搬迁到下属单位的一间更简陋的宿舍里，而且是限时立即搬走。之后就再也没有他的消息了。

直到我读了他饱含深沉、稳健、通脱的成熟和冷静的文章时，他所遭的变故、所经历的磨难及许多的坎坷都被证实了。从他优美、准确的散文评论语言可看出，作为他，一个“半路出家”要弄文学的他，要经历多少艰难困苦、顽强拼搏，但他没有屈服，没有气馁，而是奋斗成功了。

他所做到的我没有做到，我本身应该做到的也没有做到。

我也似乎理解了他为什么那么推崇三毛和路遥。这是震慑我灵魂的地方。

这之中，也体现了他对生命的真正把握和理解，从而也使我明白了他是用他的生命去写作。同样，他又是一面镜子，照出了我许多的浮躁和丑陋，也照出了这几年我的沉沦和颓废，当然，也照出了另外一个我。愿熊铂兄写出更好的诗文。

2000 年 3 月 15 日

路遥知马力

——记荣安兄

日久见人心，路遥知马力。

他在我心里，是我的挚友、难友、诤友。

现在是，将来永远都是。

他刚上大学，我去看他，就挤住在他宿舍里。晚上，他怕我从高架床铺上掉下去，非要睡在床边上护着我，晚上紧紧地抱着我。我常常从睡梦中热醒，浑身都是汗。

早晨，他招呼我吃完早饭，将坐公共汽车的零用钱装在我外面的兜内，将50、100元的整钱装在我底衣的兜内，并重重在外按一按，再三叮嘱我，竟似一位长兄般的成熟和爱护。

晚上，他便在校门口焦急地张望等候着，直到我回来，话语中充满着关切和对我散漫滞留在外的责备。我敬重他，敬重他长辈般的成熟和周到；我喜欢他，喜欢他对我无微不至的关怀。

每当遇到生活中的困境感到无助时，我便去找他。他总是极力想法解脱我的困境；每当无路可走时，总是他，使我重新摆脱尴尬与困境。

记得《史记·管晏列传》中，管仲曾说：

“吾始困时，尝与鲍叔贾，分财利多自与，鲍叔不以我为贪，知我贫也，吾尝为鲍叔谋事而更穷困，鲍叔不以我为愚，知时有所不利也。吾尝三任三见逐与君，鲍叔不以我为不肖，知我不遭时也，吾尝三战三走，鲍步不以我为怯，知我有老母也，公子纠败，召忽死之，吾幽因受辱，鲍叔不以我为无耻，知我不羞小节而耻功名不显于天下也。生我者父母，知我者鲍子也。”

“管生称心，鲍叔必安”，马兄，正是我心中的鲍叔牙。

是他，常常默默地安慰着我的父母；是他，在我孤独、失落时，慰藉着我这颗漂泊苍凉的心；是他，每当我绝望、沉沦时，给我以鼓励和希望。我觉得我欠他的已太多太多，但他并没有因此对我带有丝毫的责备和不满。虽然连他的婚礼，一生中最重要的事我都没有参加，但处境寥落的我，不去比去更好。我相信，他并没有因此而埋怨我。因为，我心底给他存着最真挚的祝福，有什么，能代替我这一生对他的深情厚谊呢？

唯有我更加努力、拼搏，才是对他最好的报答。

君子之交淡如水。

和马兄的交往，使我更深体会了人生的这一哲理。同样，我的成功，也有着他的心血。

不会忘记你，我的挚友、诤友、难友，你永远是我生死与共的朋友。

1998年10月27日

中断的友谊

——献给婷

我突然想起了婷。

在这寂寞、空虚、烦躁不安中，我为什么会突然想起她？我知道，我一定很深、很深地伤害了她。这都是因为我的软弱、胆怯，甚至男人那种卑小的虚荣与自尊。

我想她一定恨我，永远永远地恨我。

她就恨我那种卑小，那种软弱，甚至那种可怜。

几年的情意，唯一难忘的友谊，就这样轻轻地断送了。我知道，她再也不会理我了，我有时那么恨我自己。为什么当初就不拿出男人的坦率、男人的光明磊落，非到这个地步，我才会去懊悔，去追悔自己的过失。

也许，这恰就是我的悲剧。

我和婷上高中时就相识。我是团支部书记，她是学习委员。我这个“领导”除了一门语文勉强凑合外，其余的科目统统不达60分。尤其数学，最差的一次竟然考了2分。这真让我丢尽了脸面。其实，无论如何，即使考0分，也比考2分强呀！可她不但是全班第一，全级也是第一。她长得很漂亮，在班里，被誉为“狼”多“肉”少的女孩。多调皮的男孩，一见她，都会服服帖帖，甚至班外的男同学常常借机混到人群里来看她。我认识的男孩就托我做“内线”看过她几次。

大家都像花瓶一样供着她，像花一样爱护她。

但偏偏敢惹她的就是我，甚至骂，有一次骂得她直哭。我敢于“太岁头上动土”，对强者的嘲弄与自我心灵上的征服似乎永远是弱者得以解脱和满足的通病。

那时，敢于和她吵架，敢于当众嘲弄她，能得到同性的羡慕，引起他们的兴趣，似乎是我的自豪与满足。直至我学了《阿Q正传》，我觉得我的做法近似于阿Q骂假洋鬼子。

自欺欺人！

她给了我一封信，我不敢看，将信严严地封在信封里。最后被逼无奈，我才不得不当着她的面打开那封让人心伤的信。我知道，她在信里一定会将我骂得狗血喷头，她一定用了所有的诅咒和怨恨，也许，恨不得食肉剥皮。据说，女人一旦爱一个人，可以爱得一塌糊涂，甚至不惜生命。古时不就有卓文君偷偷和司马相如私奔吗？还有貂蝉和吕布，即使杜十娘，实在没办法时，还可怒沉百宝箱呢！但女人一旦恨起男人来，就恨不得将她所恨的人压到十八层地狱才解恨。什么人彘、剁手、剜眼的事都是女人干出来的。要不然，蔡东蕃先生竟会说：

“天下最毒莫过妇人心。”

可她的信，字里行间竟出奇的平静，只不过说我成了“大人物”将小妹忘掉云云。

结尾是真诚的祝福，我相信是她真诚的祝福。署名照例是我们常常通信的——婷婷，只不过开头的称呼变了而已。

也许，我们只是心心相印的朋友，还不是什么“情人”“恋人”吧，似乎，她对我的“恨”还不够深吧。

我心中的“小妹”哟！你哪知我现在的境遇寥落，人生坎坷。我早已被这残酷的现实、冷漠的人生、困顿的境遇压得喘不过气来，不用说保全自己，我已被社会淹没得一无所有，我还能挣脱什么呢？

其实，世界上最让人幸福的是误解，让人最痛苦的还是误解。

此时，我能对她解释什么呢？我的失败，我的困境，我的无能……

我只有沉默，等待着，等待着她的指责、非难，甚至侮辱。没有，没有。除了叹息，除了伤感，还能有什么？这也许就是中国女性的崇高、伟大之处，是东方女性的善良之处。一切，一切在沉默、叹息中被轻轻地原谅。我知道，她并没有完全记恨我，她并不希望我从此倒下去。这种沉默中，她有一种希望，一种女人对男人的希望。

我的眼眶湿润了，我想起了一个女人给一个男人所写的诗。

“生当作人杰，死亦为鬼雄。至今思项羽，不肯过江东。”

老实说，我所谓的写作，没有她，根本就不可能有今天；没有她，我也不可能在文学的寂寞道路中苦苦探索。如果我将来真的成“名”成“家”，或者成为什么“大师”“导师”之类，我要告诉全世界的每个人，在这背后，有一位女人，一位女神，支持着我，引导着我。是她，将我从地狱领向天国；是她，铸就了我成功的第一块丰碑。

当我被攻击得一无是处的时候；当我被下了根本不是搞文学的材料的“死亡诊断书”的时候；当我被当地的一位名流嗤为“连中小学生作文水平”都不如的时候；当我就在这种被攻击、被侮辱、被冷落，在死一般的环境中默默承受着这一切的时候——

她来了。

是她，将我近乎“垃圾”似的手稿一页一页整理起来，悄悄地拿走整整齐齐誊抄好，又默默地送回来。至今，我还保存着几本她为我抄的手稿。在当时，谁能理解我写的那些“东西”是文章，还有什么出版、发表的价值呢？

只有她，能给我整整齐齐地抄好，送回来。她为了我的执着，我的信念，甚至我的心血，才同样付出了代价。

她是爱我的，是很爱很爱的。但这种爱不夹杂任何私情，这是一种真正的挚爱，是在事业上有共同信念、共同抗争，决不向生活低头的朋友之间的鼓励与希望的挚爱。

当时，我对社会上流行的“才子佳人式”“三角恋爱式”小说深恶痛绝。我痛恶柳永那种专为女人而做文章，我憎恶李煜那种不堪回首的亡国之音，但我发誓，我第一本出版的集子是献给她，献给一位崇高，我敬仰的女人，一位真正的朋友。

也许，我在寂寞的文学道路上硬闯下去，她——还是我心里永远永远的“小妹”，我还是她永远的“大哥”。但今天，不要说我的境遇寥落，生活的困境，即使我拥有千万亿万的财产，即使这个世界都让我拥有，我又怎能，怎能抹去我对她的伤害;她又怎能，怎能再原谅我。这也许是我一生做的最大的错事，她将永远使我的灵魂不安，使我的良心受到谴责。

当然，只有我更坚强地活下去，努力奋斗，才能弥补我们为这“中断的友谊”所付出的沉重代价。

1997 年 1 月 18 日于珠海

范爱农式的等待

——写给鹏兄

“我在等，像范爱农在等待鲁迅突然召回去一样在等待着你……”

这是鹏兄常说给我的话。

他的眼睛，虽然缺少了以前的那种孤傲，却还是满含着锐气，说完话常常像老学究似的故意抱拳在胸前朝你晃晃。那单瘦的身影，常常给我一种很深、很重的悲凉感和沧桑感，甚至孤独感。

这就是我心目中的鹏兄，也是我这一生深深挚诚的好友。

在学校，我们常常在一处编诗、办报、写稿、谈文学，也谈友谊。

我欣赏管仲和鲍叔牙般的“管鲍之交”，常常与他谈——

“吾始困时，尝与鲍步贾，分财利多自与，鲍叔不以为我为耻……”

鹏兄，似乎更欣赏那种“君子之交淡如水”。

和他的来往，还得从办报说起。教室后面的板报栏一直空着，有人就嘲笑、讥讽：

“连板报都不肯好好地办，还弄什么文学……”

于是，有许多和我亲近的同学不服，央我将板报办起来，意思是杀杀“那伙人”的威风，给他们点“颜色”看看。

板报于是就办起来了。

当然，有说办得好的，有照样冷嘲热讽的，但名声也就传了开去，于是外班的同学也是常常来看。

后来问他呢，也是来看过的。

有一天下晚自习，外班的一个女孩来找我，就是鹏兄班上的，说是要联合办刊物。从她那小小的身材，稚气的年龄，我猜测主事的绝不是她。事实正是这样，她是受别人“指派”而来的。

当我跟着这个“小不点”来到三班教室时，一切都是生疏的。虽然，我们只隔着一层墙，却很少到这间教室里来，这一切生疏得似乎又有些新鲜。

我被领到略靠后排的一个座位，眼前坐着一个男孩，瘦瘦的、单薄的身材，挺直着腰，像在课堂上教师讲课一样似的，右手握着的笔似乎在纸上写着什么。我站在他面前好久，他却没有抬头。直到“小不点”赶忙打圆场招呼，他才抬起头，只是淡淡地招呼，但始终挺直着腰，不肯挪动身体，又不肯用正眼看你，气氛十分尴尬和冷清。

竟是那位“小不点”，像受了委屈似的，问得多，而且很仔细，似乎早就做着准备针对我。

当谈到文学时，他突然打断我的话，用很冷很冷的声音沉沉地说道：

“学生做几篇作文，就大谈文学……懂得屁……”

这话竟然是针对我而来的，明显包含着对我的不满。

从那次，我就极不喜欢他。我觉得他毫不懂道理，简直是不近人情，既然请我，又反对我，更重要的则是，当时文学在我心里是何等的位置啊！他竟然攻击文学……

我曾恨恨地这样想。

但我们从此也就这样相熟了，于是商量开始办报，办学校唯一的那张小报。我给分了组稿的任务，当然，排版、找蜡纸刻版、油印等种种麻烦琐碎的事全都交给了他。

他竟也没有推诿的意思。

虽然说提笔忘字是文人常有的事，但至今，倘不留意，我的文章中还有许多的错字、别字。分给我的一部分稿子，我常常借故以繁忙为由推给他，由他代为改校，他也欣然全接受下来，常常是逐字、逐句，边改，边翻字典。他默默地编订完，又一个人去排版，找蜡纸，又趴在那儿用所有的课余时间去刻……

终于，小报印出来了。他捧在手内，捧给我看，满手的油墨，溅得他满脸都是，他全不顾，高兴得像个孩子。我也是很少见到他的笑。存在我处的小报早已不知去向。而据说，存在他处的小报、刊物，则被他编了号，装订起来，一本一本整齐地保存着。

毕业分别以后，虽然都知道对方就住在这小城内，都知道对方的住址，但见面很少，连信都懒得写。即使偶尔见面，问他呢？他只是叹息、摇头，闷坐在那里一支接一支地抽烟，本就黑的脸，在乡下的时光消磨中，显得更黑了，本就显得冷清的场面更加孤凄，于是我就常常借故躲开他，躲开和他的见面，但每到分别时，他还是那句话——

“我相信你，我等你！我们一起来干点事……”

此时，他眼内似乎有了光彩，浑身突然有了力量，还是抱拳，故意朝你晃晃，然后别了去。

有什么能教人认清时世，彻底清醒呢？我以为，这就是生活了。

这几年，我老是颠沛流离，到处流浪。经历了种种的世事，看了许多的眼色，我也从一个充满热血、充满幻想的青年，变成了一个心很苍老的人。这颗心，在逐渐地，逐渐地凉下去。每当孤独、寂寞，处于种种困境时，每当我看到许多所谓的文人学士写出的所谓“诗文”，我就想起鹏兄，想起他那单瘦的身影；想起和他一起办报、争论；想起他那充满悲壮的，从没有正式发表的那篇满含忧郁、乡土气息的长篇抒情诗《老钟》；想起他那用满含着挚爱一笔笔用心给我抄的诗文；我更想起，他那让人心底常常震颤的话——

“我在等你，像范爱农在等待鲁迅突然地被召回去一样在等待你……”

可目前这寥落的境遇、困顿的人生、艰难的生活。

我——又怎么能给他以希望呢？

1997 年记于东书屋

1998 年 5 月 14 日抄就整理

姑爷——王俊

被怀疑有非典传染病在医院被隔离的日子，我突然想起姑爷王俊来。

很小的时候，就知道我现住的这个医院有一位亲戚大夫我要叫姑爷的，家里只要谁有病，总是听父亲说：

“去医院找你姑爷去。”

即使乡下邻里有哪位要到城里来看病，父亲见面第一句话就是：

“去找姑爷看病，自己人，实诚着呢！”

好似不管害了什么病，只要找到姑爷，病就有了希望，病就绝对能看好。

小时，每年常常去给姑爷拜年。说是拜年，其实为了挣姑爷和姑婆给的压岁钱。每次一进门，我就大声喊：“姑爷、姑婆，给您拜年啦。”

头还没有磕下去，姑爷就大声对姑婆嚷着：“快给娃拿压岁钱。马上发钱、马上发钱。发钱、发钱……”

他大笑着向后仰的情态到现在还记得很清。我和弟弟便被姑婆揽在了怀中。

再到后来，常见乡下的邻居亲戚住到我家，找姑爷看病。尤其使我惊奇的是只要乡下谁找姑爷看病，不管经济状况好也罢，坏也罢，姑爷都是一视同仁地领着人去这科室找医生，去那科室找大夫。没钱的还替人担保，完了还像没事人一样乐呵呵的。

姑爷常说乡里人没钱，住医院已经是实在没办法了。姑爷对人就是这样理解的。

因此，大家心里一致认为，姑爷脾气不好，但人却是好人。

这么多年，姑爷早已退休了。前两年，我见到他，竟一个人背着手，踱着方步，津津有味地看书画展，很悠闲的样子。

虽然我一直再没见到他，但大家有病找姑爷的这些事，这几年在我的脑海内越来越清晰，便写了以上这许多文字。

愿他与姑婆健康地生活着，愉快地享受晚年。

2003 年 4 月 27 日草

三魂兮归来

——写于小弟三周年祭

一

“小五子”是我们对弟弟的爱称。

小时我们俩也动手,但有一次当我动手,弟弟竟将我推了一个趔趄,望着比我还高大的弟弟,我开始意识到此时若动手,我肯定讨不到什么“便宜”。

于是以后就改成了“君子动口不动手”。

在我的记忆中,弟弟生活是严谨的,严谨得办任何事都一丝不苟,我们之间关系是融洽和谐的,和谐得他可以帮我和我的酒友们猜拳“交战”。

但有好多事,却深深地刺痛我,这是我永远也无法原谅自己的。

这两年,正是我穷途末路、人生失意的时候,也正好是我被背叛、出卖、嘲笑、讽刺、挖苦包围的时候。有谁肯去同情一个在困境中还不“屈服”的叛逆者呢?这使我感到了人生真正的悲凉。

昔日称兄道弟、酒逢知己千杯少的哥儿们逃开的逃开，背叛的背叛，连见到一张温和的笑脸都不可能。什么时候能比此时更能体味到人情的冷，世态的炎凉呢？

寂寞中，我在小房里捧着书看，借此逃避已是满目疮痍的现实。此时，我才理解到陶渊明所谓的“采菊东篱下，悠然见南山”，并不是消极的逃避，而是对人生愤怒的抗议。似我在这“太平世界”的“太平盛世”下，都遭遇了如此的冷遇和不幸，何况陶渊明先生在那狼烟四起、烽火连天的岁月呢？

弟弟此时常常端来饭，放在我面前，洗好衣服，给我整齐地放在柜内，买东西，总给我买和他同样的，出外，总是将零钱塞给我……

他俨然一个大人一样地照顾着我，关心着我。

但我却伤害了他。

此时，事业的发展已陷入绝境，我就似那案板上的鱼，已无力翻动。失败的痛苦常常使我有神经质的敏感，我连正常的生计都即将无法维持。

但我不能就此倒下，我决不能屈服，我决不能垮……

我需要感情的平衡，我也更需要担负这种沉重的力量。

我想外出。

也许是散散心，也许是更深的逃避，也许是暂时的解脱，也许……

此时想起来，我是那么后悔，从而觉得我是那么软弱。我为什么有事不向他直率地说，我为什么要用谎言欺骗他，我为什么要伤他的心……

我吞吞吐吐地说我想借钱还账。

说这句话时，我知道我脸红到了极点，羞愧到了极点。现在我都能想起我那窘到极点的神情。

他毫不犹豫地给了我。

而我竟用这些钱外出游山玩水了。

就这样，我做了哄骗他的事，我说了不该骗他的谎言。

虽然这事已过去好长时间，但它如一块沉重的石头压在我的心头，而且，越来越沉，使我喘不过气来。

小五子是否能原谅我这种自己都无法永远原谅的过错呢？

二

不料小弟竟遭遇了车祸，结束了年轻的生命。

“十年生死两茫茫，不思量，自难忘。”这是苏轼先生哀悼亡妻的诗句，这里面包含着多少人哀痛的心。老实说，我情愿将小弟永远地忘却。写这样的文章又有什么用呢？

记得我最后一次见到小弟的身影，是交警队事故处理档案袋里他死去的照片。我以新闻记者的身份要求看这些材料，他们并没有拒绝，给我抱来了这一大堆材料。照片上的他斜卧着，满脸是血，身体痛苦地蜷曲着，想到死前他一定做过痛苦的挣扎，剩下的，眼前的一片模糊已使我看不到一切。

他死后，这许多年来，我常常想写一点怀念他的文字，但我始终无法动笔。连朋友们都责怪说，你是弄文学的，为什么就不能给自己的弟弟写一点东西呢？

假如文学能够写尽我心中所有因失去他的创痛和不幸，我情愿将这一切痛苦都写下来，使我有片刻放下重压的轻松。如果提笔要比不提笔更加痛苦，我还是情愿不提笔的好。

其实，正如鲁迅所说“长歌当哭，是在痛定之后的事”。当一个人痛苦的心憔悴到极点时，何以还有写文字来纪念他的心情呢？正因为我和他太亲密、太熟悉，要写他，竟有隔世之感，反而难以下笔了。在他死去三周年之际，哀痛的后面，他的一些事便浮现在眼前，连成一片了。

小时，由于家境的贫穷，母亲在烙荞麦面馍时加上一点儿油，就是对我和小弟格外的照顾了。常记那时，母亲怕火热的土炕将我们穿的棉裤烤焦，从不让我和小弟在土炕上穿棉裤的。我们只有下身光溜溜地钻到被窝中。我们拿来炕柜上破落的抽屉挡板，拿了母亲剪衣的剪刀，将母亲烙的薄饼，切成条，分着吃。常常是他专注地切，我尽顾吃，常常是我吃得多，他吃得少。记得最清的一次，是他过生日，母亲从邻居三婶家借了一茶盅雪白的小麦面，给他在做饭的草灰中烧了一个面圈。我抢他的面圈吃，竟因咬得太深，反而咬到了他的手指，痛得他大哭。

后来，当我到人生的末路时，当别人像避鬼怪一样远远地躲避我时，还是他，依然地、默默地帮我弄这弄那。他依旧是说得少，做得多。

记得最清的是，父母说我老是这么颠沛流离，到处流浪，全不顾家里和个人的事。逼得急了，我竟说，谁要急，谁就找，反正我是不找的。母亲就叹气说，你不见兄弟已长大了吗？这时，我才真正意识到我身后还有一位小弟，一位长大了的小弟。

在他身上，有着我父亲年轻时的遗风，衣服虽然不是十分时髦，但穿得干净得体。最深的印象就是他教我唱歌，教了半夜，我记了前半句就忘了后半句，他就一遍一遍耐心地教。直到后来实在没有办法时，他说我没有唱歌的细胞。其实，小弟说的是对的，我怎会有当歌王歌后的天赋。当然，我就用不着像毛阿敏似的闹偷税风波，也更就不会像刘晓庆女士似的一会儿是富婆，一会儿是囚犯了。

但看到他会唱那么多首歌，流行的，不流行的，港台的，大陆的，真是让我羡慕死了。

终于，有一次，听父母在一起谈论，说小弟对他们说他单位旁边有一位医院的护士刘姨，只有一个女儿，比他大两岁，母女俩对他都很好，就是她女儿小时得过小儿麻痹，走路腿有点毛病。只记得父亲当初很为难，便自我安慰似的对母亲说：“咱家穷，只要人家对咱五子好，我看就行。”

于是，小弟的亲事就这样定了。

他结婚时，最痛苦的还是父母，孩子众多，本就很穷困的家庭，哪有余钱给小弟办婚事呢？幸而小弟的岳母提前来找父母，将一沓钱硬塞到父母的手里，说是一家人不说两家话。但小弟结婚的那天晚上，父母因为自己的无能为力而流泪了。

不料生活的悲剧就这样发生了。

三

大约是小弟结婚一年后的一天晚上，我刚入睡，突然咚咚地有人急促地敲门。我急忙开门，闯进来的竟是小弟的好友小张，由于紧张，说话都有些结巴了。他说，小弟的媳妇住市医院了，病得很重，让我将二哥、三哥他们叫上尽快往医院赶。我急急忙忙穿上衣服，给二哥打电话，给三哥打电话，给三姐打电话……

当我们赶到市精神病院门口时，只见小弟扶着他岳父和岳母出来。他的岳母边走边哭说："好端端的孩子，说没就没了。"

……

这时我才知弟媳已经去世了，小弟怕给父母添麻烦，竟将弟媳有病的事一直瞒着。

在车上，我才渐渐弄清楚，弟媳一直发高烧，而且高烧不退，无奈才从县医院转到市精神病院的。控制口腔的大脑神经已不起任何作用，医生只能用饲息导管往她胃里输送液体食物。而且，治这种病要用电疗法，病人会特别痛苦。那天下午，她的父亲连哄带吓地说，倘若不张嘴就叫医生来电击。不料，就在她喝了半杯牛奶半小时之后，便出现了危机，再也没抢救过来。后来，我才知道了，弟媳病了好长时间，小弟白天黑夜都守在她床边。我才知，那段时间，每次他来看母亲时心情忧郁和情绪暴躁的原因，我才知他所忍受的痛苦了。

再后来，就听说小弟的岳父岳母为了要一个孩子，就让女儿拼命吃药，而弟媳半夜痛苦地跪在她母亲面前，并产生了不想活的念头。这就是我听到的他们的全部。

弟媳去世的那天，小弟说要在他和弟媳的房子里单独待一会儿。等到我走到他的房间时，他瘫坐在地板上，双手抱着头，一声不吭。看到这情景，我已是泪流满面。

在火葬场，火化前经过整容的弟媳静静地躺在遗体告别室的玻璃棺里，好似睡熟了。她的母亲由几个人搀着，发了疯般往前扑，说一定要让她穿得漂漂亮亮地走。看着她静静的遗容，她的话又在我耳边回响：

“四哥，等你出了书成了大作家，一定要给弟媳签个名送本书。我会和五子好好读你的书，我知道你爱吃辣酱。我妈做的辣酱特好吃，下次来，我从家里给你拿些……”

如今，我这出版了的书送给谁去？那瓶辣酱包含着我在困境中他们对我的关怀，现就放在家乡母亲的橱柜里，没人动，也不会有人再动了。谁料想，弟媳才死去四十多天，小弟又遭了横祸离开了呢。

四

小弟卖掉出租车后，单位领导又让他回单位给自己开车。出车祸那天，据小弟的邻居和车上幸存的人回忆说，小弟煮了一锅肉正要招待朋友，突然单位领导来电话，说是有急事要出车。等小弟赶去时，酒喝得醉醺醺的领导说是要到一百多公里外的避暑山庄去“轻松轻松”，打打牌。在路上，这位已被酒熏昏了头的主任，以车速慢为由，竟要亲自驾车。他强行驾车后，将车速开至每小时一百多公里，不到二十分钟，悲剧就这样发生了。六个人，只活了三个人，死去的人里面，就有小弟。

呜呼……

第二天，只断断续续听到一些消息，说是重大事故，消息封闭着，不但不能采访，更不能让上级领导和主管部门知道。因此，小弟的后事就在这种“保密”之中“秘密”地处理掉了。一个活蹦乱跳的还带着憨气的大少年，一个父母最疼爱的宠儿，一个最孝顺父母的儿子，一个兄弟姐妹的好弟弟，就这样走了。让人更惊奇的是，在他死后清理遗物时，他的日记中竟有这样的话，说弟媳和我父亲是他最爱的人，这两个亲人都匆匆走了。尤其，弟媳的死，对他打击很大，从他绝望的话语中，可见他和弟媳爱情的真挚了。

陶渊明在他的归葬田园诗中写道：“亲戚或余悲，他人亦已歌。死去何所道，托体同山阿。”这几年，除了母亲永远擦不干的泪脸以外，大家也许将小弟要忘却了吧。其实，这等事，还是永远忘却的好。对母亲更是如此。

可是怎么能够呢？

2002 年 10 月 26 日

马老师

乡下的孩子，在城里的孩子眼里就谓之“土”，往往是被城里孩子看不起加以奚落的。事实上，乡下孩子和城里孩子是有差别的。记得我小时，随着父亲的平反，一夜之间，我们从被人瞧不起的穷鬼变成了堂堂的“城里人”。进城后，父亲给我转了新的学校。虽然我身上穿的是母亲特意为我赶制的新衣，但在学校中我穿的土布和城里人的洋布衣服比起来，总觉得“鹤立鸡群”。尤其，在乡下我们经常将肉切成方块煮着吃，而城里人竟将肉切成薄片炒着吃。我才知，肉在城里竟有许多种吃法。我们在乡下叫暖水瓶为“电壶”，而城里人则叫“热水壶”，更惊奇的是城里人喝茶再不用乡下爷爷泥做的三足炉了，而是一种盘状带丝的东西，插上电，红红的丝，竟能将茶煮沸。

每天下课，别人聚在一起三五成群地说笑，只有我默默地一个人站在角落里发呆。

教我们数学的是一位胖胖的姓马的老师。没有见到她时，班上调皮的同学就向新来的我介绍她的笑话，说她讲课每一句话结尾都离不开“啊”字，而且，他们竟向我摇头晃脑地学她的样。在数学课上，我留心听她讲课，果然，她每句话的末尾都要“啊”一下，对我说她笑话的同学竟到课堂上扮着鬼脸附和着也“啊”，惹得大家偷偷地窃笑。她竟然不知，还是旁若无人专注地讲她的课。

但渐渐地，我也就不满她起来，每到自习课上完课外活动时，当我们觉得解放了，正寻思去操场上尽情地玩耍时，她竟出现，腋下照例夹着一摞厚厚的作业本，念到名字的，就是作业做错题的，照例不许去玩。她就坐在讲桌上，盯着大家，错题改对，经她过目，才容许走出教室。当然，对于农村刚转来的差生，就更少不了我。每次，当我被操场上的喊笑声、同伴趴在窗户上探头探脑的脑袋搅得焦躁不安、抓耳挠腮时，她照例是那句话：“毛晓春，错了那么多道题，还不认真改，往外看啥？”

终于，题改完了，我向她交上作业本。她竟也如释重负一般，脸上也有了些许的笑意挂着，还是那些话：

“你看你，就是马虎……”

此时，我已蹦出了教室，她后面说了什么，就不知了。但到终考，让我大吃一惊的是，本就数学基础薄弱的我，数学成绩竟是各门功课中最好的，而且，被推选到县里进行比赛。让我十分惊奇的是，她为什么每到课外我们正想兴高采烈地去玩时，总要强迫我们改错题？

以前学校的事都已忘却，独有马老师的这件事，记得很清，直到现在。

2002 年 10 月 14 日草

曹雪凡老师

我自从能断断续续地认识字，便常常地想方设法搜寻书来看。先是连环画，薄薄的一本，方框内是工笔线条描绘的图画故事，下边是文字的说明，什么秦琼卖马、穆桂英挂帅、杨五郎出家之类，全都是从小人书上看来的。

在我上初小时，我的班上有一位同学，他的父亲藏有许多书。他常常偷偷地拿来让我看。我便又看到了《东周列国志》和范文澜先生的《中国通史》。

那时，晚上我彻夜地看书，白天又照常去上课。有时，我要将别人的书借来抄，第二天赶紧又还给人家。因为我这样白天黑夜无休止地熬夜看书，终于病倒了，只好休学，等第二年开学继续上。

第二年上学，教语文课的便是曹雪凡老师。记得当时她看上去四十多岁，胖胖的身材，戴着一副圆眼镜，活似课本里契诃夫先生笔下的《装在套子里的人》中的那位主人公。我做的第一篇作文全是攻击、影射她的言辞。下课以后，她叫我了，我心里很是不安。到她办公室，她并没有深责我的意思。她翻检出我的作文，说我思想虽然不对，文

章还是不错的。当我拿回作文本翻开一看，一种愧疚和感激夹杂着崇敬之情油然而生。每段话她都细细地批阅过，写错的字又一一订正过来，写得好的话语用圈点画出来，写得不好的画了朱批的线，格外醒目，我才知她为我的作文费尽了心血。

后来，她便一再催要我的作文，催得无法，我就写几篇敷衍她。但她并不因我的敷衍而草率，每次都用朱笔细细地批阅好给我送来。因为我只注重于文学而偏废了其他的课程，在第一年预考时便落选了。我去看她，她似乎有些伤感，说我不听话，一意孤行，导致如此结局。但那时的我已抱了对文学所奋斗的决心，对于她的话，并不在意。

直到这几年经历了种种的冷遇和失落，在这时时的颠沛流离、到处流浪之中，在人生最失意与没落的时候，我便想起当时她诚恳地对我说过的话。没有听她的话，也许是我一生永远的错。

每当我想偷懒时，我便想起她给我用朱笔改过的作文，那清晰的圈点、鲜目的红线，使我永远无法忘记。

2001年10月写于怡文斋

铁马冰河入梦来

——我与陈冠英及其生肖图

前段时间，有朋友给我打电话来，说陈冠英先生去世了。在黑夜的灯下，坐在桌前的我，不禁有些黯然。朋友不禁愕然地说，你不是曾对他很有意见，你们不是矛盾很深吗?

诚然，倘若真是仇敌的话，对手去世或遭不幸，应该是很庆幸的事，但我不但并未如此，反而有一种更深的酸楚和失落涌上心头。因为我和他完全不是这样。

我最早见到陈冠英、张维萍夫妇时，大约是在1994年左右，似乎是他有了大病和遭了车祸刚出院不久。他脸色很苍白，拄着拐杖。一走路，就是一通剧烈的咳嗽，连脸都涨得通红。我们旁边的人都为他的吃力喘气而着急。常常是咳嗽以后，满头是汗、虚弱的他，定一定神休息一会儿，才能继续和你说话。

我第一次见到他的篆刻生肖图，就是他全家几口人挤住在建新饭店楼上一间普通的房子里。刚从县城调到市里的他，除了房子中的一张铁圆桌以外，几乎一无所有。有一次，他揭起睡觉的床垫，只见他的书籍和资料全存放在床垫下边，足见他当初连一个放书和资料的地方都没有。

让我难以置信的是，就是在这种艰苦的环境中，他和张维萍老师创作出了十二生肖图。每一生肖一百个肖形印，十二生肖共一千二百枚印章。这是一项多么浩大的艺术工程呀！他们第一次将单个的肖形印作为一种书画艺术品创作了出来，将生肖文化推向了一个新的高峰。我最早见到的是他的已出成挂历的由张爱萍将军和大康先生题词的“百骏腾祥图”。那一匹匹或闲适或奔跃的马，使我的血液都沸腾了。

也就是在那次，我们有了更深的交往。

谁能想到小县城的他，竟会创作出这么伟大的艺术作品。当然，当初他也有自己的苦闷和委屈。并不是每个人都能理解他为艺术付出的心血，不但有人冷嘲热讽、说风凉话，而且还有人从背后射冷箭攻击他。当初我以为，不管如何，他要比许多蝇营乱叫的所谓空头文人学士强。他不但和张维萍老师在艺术领域艰苦、顽强地追求探索，而且还做出了巨大的成绩。只记得他对我说创作十二生肖篆刻的宗旨是“崇其性、爱其性、启其人”。事实上，他们的每一个生肖篆刻真是这样做的。让人惧怕厌恶的鼠被他们夫妇刻画得生动有趣、活泼可爱、妙趣天成；让人恐怖的蛇在他们夫妇的刻刀下变得线条那么优美，简直是美的享受；还有憨厚的猪、瓦当的狗……

记得那段时间，我一直被他们夫妇的这些篆刻艺术品震撼着、激动着和陶醉着。我曾饱含热情地写了一篇叫《天下谁人不识君》来赞扬他们的艺术成就，但具体写了些什么内容，已记得不很清了。听说，陈冠英和张维萍老师一直将我的这篇文章保留着，舍不得扔掉。

当然，他也有着艺术家的自负和孤傲，也就难免得罪人。比如，每当哪位名人和领导看了他的艺术品说了什么夸赞的话时，他会毫无保留地讲给别人听，并加以绘声绘色的渲染，全不考虑别人的处境和情绪。于是就引起别人的不满和嫉妒。同时，这也反映着他艺术家的不会做作和单纯、纯真的天性。这样得罪了不少人，连我也包括在内，对他很是不满。

于是流言出来了，背后也有了议论他的话，说他如何只顾着自己，踩着别人往上爬啦，如何使小手段，展览画时将自己的作品摆放在最前面。最严重的流言，大意是说，每当上级部门发来征求作品的信函和文件，他便将文件和信函藏起来，将他自己和妻子的作品送上去后，才将文件拿出来不停地说："你看看你们，上面有文件来，没有人送交作品，只有靠我夫妇凑数了……"

当初很愤然，觉得这不是一般人所能干出来的。后来仔细一想，这是不正确的。堂堂的国家文件，怎能说藏就拿回家去藏起来呀！

也许是有对他不满的人编的谣言，以此来诽谤他吧。我不想去深究这些。

后来，他要我将十二生肖带到北京让专家学者看看，一来说明他心里对艺术的徘徊和对自己作品的信心不足；二来他真是想叫专家学者看看，能给自己的作品说些什么。

为此，我曾不止一次去过启功先生家。启功先生住的红楼在夕阳中的静谧、柔和至今想起来都使人难以忘怀。钟敬文先生题词了，冰心老人题词了，著名篆刻家唐达成先生也撰文写评论了。尤其，汪曾祺、萧乾等许多老先生看到他的生肖篆刻作品后展现的孩子般的惊喜神态至今印在我心里，很深刻。

当然，我和他之间的积怨也越来越深，后来连他对我说的好语，我也以为含着别的意思。终于，我们不相来往了。

现在回忆起来，这虽然有着他做事方面的失误，但又何尝不反映我做人方面的促狭和愤激呢？其更有着我在生活历练上的不足。从此，我们几乎没有了任何来往，但偶尔也听别人说起他，说他还为生肖篆刻在四处奔走，为生肖文化在到处奔走呼喊，不停地做着宣传，并不时地做着挖掘整理工作。记得有一次，我去他的办公室，就我们俩人，他说生肖文化的挖掘整理需要更多的年轻人，他说话的深意，希望我能继续帮他完成生肖文化艺术方面的挖掘整理工作。可是已很固执、偏激的我，怎能听进他任何的建议呢？当我断然拒绝他时，至今还忆起他失落、黯然的神态。

他走了，在对艺术的不懈追求中走了。六十多岁的年龄，应是艺术的成熟期，应是创作出伟大作品的年龄，他却过早地走了。可见，对艺术事业的不懈追求耗垮了他的身体，耗尽了他最后的宝贵生命。

他走了，他活着虽然有这样那样的毛病，在许多人眼里，连我包括在内认为他在做人上有许多不足，但毕竟瑕不掩瑜。他对艺术的不懈追求、对事业的执着，永远是值得我们学习的。

他走了，我相信，好多人都不会忘记他，包括他的朋友和所有的仇敌。因为，他给后人留下的是一个活的陈冠英，一个在生活上和事业上真正顽强拼搏、不懈追求，直到献出宝贵生命的为艺术献身的陈冠英。

愿他回到大地的怀抱，得到永生。愿张维萍老师能继承陈冠英先生为艺术献身的精神，创作出更伟大的艺术品。

2004 年 4 月草于北京

清风明月酒一樽

——怀念画家张琮

张琮先生去世了。他走了，永远地走了。我只能在黑夜中握着沉重的笔用无言的忧郁和悲痛写点文字来怀念他。这几年，亲眼看着和我相熟的许多老先生、老师长都走了，我才深深体味到人生命的短暂和悲哀，生命竟是那样虚无。一个好端端的人，说没就没了。

在天水美术界，一谈起张琮，都说他是一位“好人”。无论和他相熟或不熟，在艺术观点上相同或不同的人，都这么说。尤其，这几年在艺术界风气不太正常的情况下，常常听说某某和某某关系密切，某某是某某派，后又听说某某和某某原不是一伙，现终于闹翻了，某某又跟着某某开始攻击某某等，但很少听说张琮是哪一派，哪一类人，和谁关系密切，又和谁是仇家……

“张琮先生评画不偏不倚，做人不媚不俗。”这是天水美术界对他一致的评价。

1998 年，从北京来了几位画家，我正好作陪。在书画交流会上，我见到了他。他高高的个子，瘦削的身材，戴着的鸭舌帽常常在额头前压得很低。当他热情地握住我的手时，我很深的印象就是——这老头真热情和善。但当初我并不知我握着的这双大手，是一双推动天水美术事业轰轰烈烈发展的大手，是一双扶持过许多天水艺术人才踏上艺术之路的大手。

渐渐相熟了，常去他家里，一杯清茶，一盘蜜橘，我们一老一少便侃起来。从1950年他跟随著名美学家王朝闻先生、著名油画家罗工柳先生，还有吴作人、萧淑芳等人勘察麦积山石窟，侃到他从河西山丹牧马场画的水彩、素描；从他的家乡小镇侃到四川的嘉陵江畔；从西北粗犷豪放的塞外风光侃到江南的山灵水秀……

他从没有因为曾和著名专家、名人在一起共过事而自喜和炫耀，更没有在艺术上的浮躁和轻佻。当别人将自己像商品似的极力兜售时，他始终是那句让人心里很疼的话:“我还不行，还要好好地画。”在艺术上，他坚持不懈地追求，在生活上却保持着心境的坦荡和豁达。“清风明月酒一樽”，该是何等的境界啊!

做人就该如此。

我案头还放着由人民美术出版社出版的他的水彩画集。著名画家罗工柳先生题词:“淋漓水色，乡土情怀。”这是对他水彩艺术最中肯的评价。他虽然走了，但他具有浓郁西部风情满含乡土气息的水彩画，那《山路迢迢》《家乡小屋》的画面始终在我眼前闪现，使我永远都无法忘却。有什么能代表因失去他而产生的沉重的悲哀呢?

2002年1月定稿于怡文斋

第三辑 乡 韵

他，永远是农民的孩子

——怀念著名作家刘绍棠先生

他的离去，是中国文坛巨大的难以弥补的损失，使我无法预料的震惊，也是我一生最大的遗憾。

刘绍棠先生是“名人”，是名人里面的名人。李希凡、刘绍棠的名字曾在人们心里产生过多深远的震撼啊！当然，正因如此，对他也就含着特别的敬畏。名人，在普通人心里，似乎永远是高高在上、高不可攀的；名人，似乎永远都是罩着圣者的光环，神秘莫测的。

我认识的刘绍棠先生，全不是这样。

一位很平常的、两鬓斑白的老人，一位坐在轮椅上的害着严重残疾的老人。

进入他的客厅，首先映入眼帘的是刘炳森先生的题词：

“大难不死，必有后福。”

字体敦厚，苍劲有力。这是对刘绍棠先生经历磨难后真诚的祝福。同样，也代表着所有关心他、爱他的人的心。刘绍棠先生书里写的故事很平常，都是普通人所经历着的，所发生的事。他只写他深深爱着的土地、深深眷恋的家乡，只写熟悉的、普通的农民的故事。因此，他竟写出一个“乡土派”来。

他的书里没有金戈铁马，没有塞外悲音，没有浩气长存，没有艳语私情，没有笙歌宴舞，没有虚伪浪漫……

正因为他永远忘不了他出身于农民，永远是“农民的儿子”，他才用他普通的笔，写着普通的农民的故事。农民的喜与悲、苦与乐，农民的诗情画意，农民的憨厚朴实……

这是他的伟大之处，也是他永远闪光的地方。

但刘绍棠先生走了，永远地走了。

每当我看到压在玻璃下的他的照片；每当我翻检他给我的题词、题写的书名；每当我想起他在外忙碌了半天，回家后午休都没有休，又和我大约一两小时的至今余音在耳的谈话；每当我想起他那艰难的写字姿势；每当我追悔常常要给他写信，又没有写的那封他再也收不到的信……

这是我深深的遗憾，也是我一生最大的过错。

但玻璃下的照片和他“沧桑岁月”的题词，将永远激励我，催我自新，催我奋进，使我永远免于懒惰，免于消沉。

写给《情和爱之歌》

——记诗人徐放

我读啊读。不止一次，我是流着泪读完鲁煤同志写给徐放老师的《情和爱之歌》的那篇后记的。

我无论如何也无法将我面前这位行动有些僵缓，满头银发，衣着朴素，和鲁煤写的那个受了那么多无休止的被人摆布、欺凌、侮辱、损害的徐放联系在一起。事实却是这样，我面前的这位徐放，就是鲁煤笔下让人读一次流一次泪的徐放。

秦始皇将书当柴似的烧，将读书人猪羊似的埋，后来人们才弄明白，他的目的是“以愚黔首”。

但他毕竟是暴君，不幸命早死。

到汉朝的“党锢之祸”，杀的杀，埋的埋，充军的充军，倒霉的还是读书人。后来人们也才弄明白，原来是外戚要“夺权”，想当皇帝。

唐朝的“朋党之争”，争来争去，读书人照例倒霉。

明朝、清朝，似乎平静了吧，但读书人遭了更重的迫害。原因呢？一个是“和尚”出身的皇帝，忌讳谈自己的“破落史”；一位是夷族的首领，不懂文字，怕别人造反，因此，读书人绝不能“胡说乱道”的。

至于徐放他们是什么原因呢？我不大清楚，总之，几十年以后的今天，实为冤案，已彻底平反。

但徐放已经很老了，从一个壮年到一位很老很老的老人了。似乎，他的一生，注定老就是他的错。

每次去，徐放都是一个人，一个孤零零的老头。因此，他的房子显得好大、好空。我看到他的背影，好孤独，好寂寞。尤其，从他那艰难行动的姿势，联想到鲁煤写的那个徐放，我就不由得热泪盈眶。

我怎能抑制住自己的这种感情呢？

徐放的老伴早就走了，离开了这个一生充满苦难的老人。这是胡风先生的夫人梅志老师告诉我的。因此，每谈到此，梅志老师总是声音低低的，很伤感。

其实，多少爱情，多少甜言蜜语，只是适宜存在于温室之中。而刑场上的婚礼、囚室之中的赞歌，有多少能坚持到从生到死呢？

这是我不愿深究下去的话。

我们见面，他说得少，问得多。我怎么也忘不了他一步一挪地给我端茶倒水的身影，他一步一挪地给我写字的姿势。今年我见到他，他说身体大不如以前，写字手都颤抖，不能提毛笔，于是改了签字笔给我写字。

但我却喜欢他那充满激情，有着强烈的爱憎分明的诗文：

没有兵慌
也未见马乱
却总是如此这般——
一去便不知又是几年
一去便不知路又几千……
呵！

“偶语充市”

何尝堵塞了黎民百姓的腹诽谤议

“焚书坑儒”

又何尝禁绝了诸子百家的诗书流传

聚六国贵族和富商大贾于咸阳

何尝控制了他们的离叛作乱?

搜天下之兵器，铸金人十二

又何尝阻挡了陈涉、吴广揭竿?

……

心中的块垒大有一泻千里之势。痛快淋漓，这才是诗。真正的好诗，艰难中的徐放，又何尝忘却过世事，忘却过天下呢？鲁迅先生曾说，中国的文人有帮闲和帮忙之分，比如屈原就是“帮不上忙的不平”；李煜就是姨太太遭抢，财富被夺，亡国的“遗恨”；还有柳勇、晏殊……

但鲁迅先生又说，有另一部分人，却是中国的脊梁:杜甫、辛弃疾、范仲淹、岳飞、文天祥……

徐放，是这“另一部分”人中的一员。

我常常以为，现在的诗，有华丽的语句，却没有诗的灵魂。

具有诗的灵魂，这大约是我喜欢徐放诗的原因。

我期待着，晚年的徐放，能写出比这更美更好的诗。

晓春记于渭水斋

用血铸就的灵魂

——记诗人牛汉

我曾在《汗血斋中的老人》一文中这样写牛汉：

作为文人来说，尤其对于吟诗弄赋的文人，不是白净面皮，就是手无缚鸡之力，似乎不为此不足以写出诗来，不为此不足以为“文人”。

牛汉全不是这样。

蒙古族遗传的体魄，高大、魁梧，比我要高出半截；那脸廓的线条是那么粗犷、凝重。尤其是那眼睛，虽饱经沧桑，却似剑一般犀利、深邃。和牛汉接触，有着老人的刚毅和孩子般的纯真。

这是诗人特有的气质。

每次去他的寓所，最引人注意的就是别人题给他的“汗血斋”书斋名。尼采曾说，他喜欢“血写的书”。这话，何尝不蕴含着深刻的哲理呢？

孔子说他只管讲学，老子只谈淡雅，庄子梦得连自己和蝴蝶都分不清，但细看他们的诗文，他们对世事何尝不十分留心呢？宋玉、景差、唐勒之徒，虽很有文采，但不及屈原有名，因为他们毕竟对世事没有像他老师一样关心。但他们比不过曹操、阮籍等人，因为他们毕竟只属于填诗献赋的“弄臣”。

好的诗文，何尝避开过世事，离开过生活呢？

经了这许多的风雨、流浪、颠沛流离，才懂得所谓的文学，也就是生活；所谓的生活，也就是文学。

看牛汉的诗文，他何尝丝毫忘却过自己、朋友、亲人以及他所挚爱的一切呢？

因为这正是用他血泪般的生活、悲壮般的经历，用他的苦难、他的不幸，而融会成的诗篇啊！

因此，他的诗是那么真，那么纯，同时，是那么满含悲壮和苍凉。

但他并不以此为生命的结束，从他的诗文里，恰可以感受到经了风雨、沧桑、不幸、成熟、刚毅般的开始。

这是他闪光的地方，也是他诗文最宝贵的生命。

五千年流传下来的诗文并不多，细翻文学史，就那么几个人，就那么几篇。从古至今，写诗的人却并不少。

牛汉虽然老了，已是一位头发斑白，很老的七十多岁的老人了，但人们并没有丝毫忘记他及他的人和他的诗；牛汉虽然老了，但近几年他写的诗特别多特别多，几乎相当于他几十年的创作总数。

他虽然是一位老人，却是一位很稳健、很成熟、很刚毅的老人。

我又怎能忘记，他热情地为我联系鲁院进修学习的事，又亲自带我去学院里找认识和不认识的人。他一篇一篇逐字逐句地看我的稿子。那一篇篇稿子，有着他的心血；那一幅幅、一笔笔的题词，有着他的挚爱。每次去北京拜访和打扰，都曾耗费他宝贵的创作时间和精力。每当我在文学的道路上想偷懒，每当我处在孤独和寂寞、迷惘之中时，我就打开放在案头的他送给我的诗集《海上蝴蝶》，我就仿佛看到一个高大的身影，一个经了风雨、磨难，经了沧桑的不屈的灵魂，我就喜欢他的带着生命活力的《北京的城砖》。

我更喜欢他满含血性的让人心灵震颤的《我是一颗早熟的枣子》。

牛汉，既是我心中的导师，又是我心目中一座文学路上永不熄灭的灯塔。

那还是 1992 年 6 月，北京的《当代文学》《当代窗口》编辑部给我来了一份邀请函，说是从有关方面了解到我是一位颇有“成就的文学新人”，要我来北京参加大观园的诗歌大赛会。至今，我也弄不明白，他们从何处了解到我的文学“巨大成就”的。他们不但知道了我平时写点文学模样的东西，也知道了我的名字和住址。这是令我十分惊异的事。其实，当初我写的一点所谓的文章只是垃圾似的堆在书桌上。所有的投稿石沉大海，从未在报刊上发表过。说要去北京，首先反对的是父亲，说是年龄小，怕不安全。母亲是知道我的脾气的——任性与自负。她只是连夜给我忙这忙那。临上车时，父亲将临时借的一点儿现款和当月的工资 400 元全都交给了我。我深知这是全家一个月的口粮，但我抱着等我出了大名马上就回来报答父母养育之恩的荒唐梦想出发了。

车在大平原上飞驰着，我梦想中的这片大平原在眼前飞速向后闪去。车到黄河，当我激动得还未平静，车已跑到了黄河对岸，将黄河远远甩在了后面。到北京的郊区，我满以为火车会在高楼大厦的古城中穿梭，甚至还可以在火车上看到天安门，但车道两边和小县城的周围一样是乱堆的垃圾，除此之外就是破破烂烂的民工房。等到我回过神时火车已到北京火车站停稳了。

会议是在军事医学院招待所的会议室进行的。会上讲了些什么一句也记不清了。散会后，大家蜂似的拥向牛汉他们，有早预备好本子让他们签名的，有临时从别人的笔记本上撕下纸让他们签名的。我也挤上去了，想将我写的一部分文章递给他们让他们指点。牛汉先生接过文章匆匆一翻，见文章末尾的落款是“甘肃天水”，便避开蜂拥的众人有些激动地问我：

“你是天水来的？”

我说是，他便说他对天水很熟，抗日战争流亡时在天水待过……

晚上，戈雪兄来找我，说是去拜访牛汉。我说不知道地址，他便出去了。一会儿，他又兴冲冲地回到我的屋子来，说从组委会将牛汉家的电话和地址弄来了。

第二天，我和戈雪便给牛汉先生家里打了电话。牛汉在电话那头详细地告诉了他家的地址。就是那次拜访，他便为我题了《伤逝集》的书名。那次拜访，使我印象最深的就是他书房中“汗血斋”的匾额。

我敬佩牛汉，就因为他用热血铸就的人格和用带血的声音吟的诗。他的诗，苍凉中透着生命的活力。正如鲁迅先生的杂文，看后并不使人觉得颓废和沉沦。胡征先生曾评论牛汉先生的诗有着伤残美。这一点是不错的，他的诗有茫茫大草原般的悲壮苍凉，也有汗血马般奔腾的凝重，更重要的是有着强劲的生命力。

这就是我心中的牛汉。

2005 年 1 月 14 日

悲壮的音乐

——记著名书法家卫俊秀先生

文天祥为什么能作为民族的“精英”？为什么能作为中华民族气节的象征?《正气歌》为什么能感人泣下,激励一代又一代的爱国志士……

著名学者尚爱松先生曾经对我谈道，这首先应该说到文天祥对于“死”的选择。

《正气歌》在跋中写道：

余囚北庭，坐一土室，室广八尺，深可四寻，单扉低小，白间短窄，污下而幽暗。当此夏日，诸气萃然，雨潦四集，浮动床几，时则为水气；涂泥半朝，蒸沤历澜，时则为土气；乍晴暴热，风道四塞，时则为日气；檐阴荦，助光炎虐，时则为火气；仓腐寄顿，阵阵逼人，时则为米气；骈肩杂，腥臊污垢，时则为人气；或毁尸，或腐鼠，恶气染出，时则为秽气……

这“数气”才养成文天祥所具有的“浩然正气”，因此，他对死的选择并不是轻率的、激情的。他是在这三年的“数气”折磨之下，毅然冷静、理性地选择了“死亡”，所以，他对死的选择是深思熟虑的。这是一种被理性净化、上升了的对死亡的选择。因此，这种选择是最难的、最感人的。他已是千百年来壮士悲歌、英雄断头的精神象征。

中国历史上，有两种人当生和死不可“兼得”时，舍生取义，选择了死亡。一种是荆轲式的燕赵豪侠壮士对于“死”的悲壮选择。“风萧萧兮易水寒，壮士一去兮不复还”。其震人心魄，催人泪下，激励一代又一代悲壮之士的原因就在于此。还有一种就是文天祥式的虽有“生”的条件和机遇，却又不得不对“死”做出慎重选择。“生当作人杰，死亦为鬼雄。至今思项羽，不肯过江东”。这种选择更宝贵、更难得。他已是千百年来爱国志士精神象征的丰碑。从古至今，有多少人在金钱、美女、荣誉、地位面前能“富贵不能淫，贫贱不能移，威武不能屈”呢？

苟且偷生易过，忍辱负重难活。

第一次看到卫秀俊先生的书法，我曾对著名诗人胡征老师谈到过。这不单是书法，这是卫老一生痛苦经历的演示，他的灾难、不幸、痛苦、折磨、屈辱以及他对当年生活的无奈、愤慨、爱与恨都包含在行文篆字的墨迹间。这一幅幅字，就是他自己的悲壮音乐，是他一生命运的交响曲。

但是，我并不知先生为何许人，我只是凭直觉谈我的感受。

后来，我才知道，除了冯雪峰先生，他是唯一研究鲁迅《野草》一书的人。他的《野草探索》因在胡风主编的泥土出版社出版，胡风先生的得力助手，著名评论家张禹先生为其作了序。也正因为此，他被牵连打成胡风反党分子，在陇山中像野人似的过了几十年茹毛饮血的生活……

这就是卫俊秀先生，这就是卫俊秀先生充满痛苦、不幸、传奇般的经历。齐白石先生曾说，他是诗第一，印第二，书第三，画第四。鲁迅先生、茅盾先生、郭沫若先生……不但是中国的历史学家、哲学家、思想家，还是中国的诗人、文学作家。

学者型的书法家，这是我对卫俊秀先生的印象。

因此，他的书法才似那陈年的酒，似痛苦融会成的悲壮音乐，越品越有味，越品意境越高。

学者型的文学家，其作品才能厚重，有穿透力、历史深层感。卫俊秀先生和别的书法家不同的地方是，他是一位有很深阅历，有各种渊博知识的学者型书法家。

虽然，他至今没有显赫的名位，没有耀眼的光环。但他的作品，却是对他一生最好的证明。

每次去，九十多岁的老人，都要极力招呼我；每次的要求，他都极力满足我，看着他颤颤巍巍写字的背影，怎能不叫人感动。

这就是卫老的人品。

“人品高即诗品高”，这是一位著名编辑对一位很有成就的诗人的评价。美国国家级博物馆唯独收藏卫老的作品，对卫老来说值了。

晓春写于怡文斋

风是家乡，人是故乡人

——我和雷达先生的交往

雷达，中国作家协会创研部主任、现代文学研究会副会长、伏羲文化研究会副会长，兰川大学博士生导师，著名评论家。

小毛乡友：

你好！

来信及目录收到，可以看出你的勤奋和刻苦。

杂文集和散文集的出版，目前在北京也同样困难，书摊上什么热，什么冷，一望便知。我可替你留心，倘有机缘可以推荐，暂时没有什么好办法。

你留在这儿的东西，我还没顾上好好读，时间太紧，也太忙乱，你应理解，故而写点什么只能俟诸来风。

很感谢你的信任，文学艰难，也寂寞，望你继续努力。

即颂

安琪

雷达

1994年3月16日

这是雷达先生给我写的第一封信，也是我收到的第一封名人写给我的信。

我和雷达先生认识，完全是偶然的机缘。在我上高中时，记得在一次课余时间，几位同学热烈讨论当前的文坛现状，便有人提起雷达先生，说是当前文坛著名的评论家云云。当初，我除了看一点古代文学史之类的东西，对当代的文坛可谓一无所知，真是有些“无论魏晋，乃不知有汉”的寡闻。那时，足球热在中国刚刚兴起，大家都处在对足球的一片狂热之中。于是，我也在偶然的机会读了他的《足球感悟人生》一文。当初的切身感受是天下竟有如此的妙文。后来又知道他是甘肃天水人，而且是和我一河相隔的老乡。这使我内心很振奋了。从小，只听老辈们说，雷达的村庄在四咀山下，那四咀山就是龙头，是凤脉的聚集之地。再后来，听说当时村里的人老炸不开山，便将山咀上的石头砸碎卖给铁路上铺路轨，使出“真龙”的村子只能出将军了，而且村里就真出了个国民党的将军王治峻。谁料想，这里也出文人，竟出了一个雷达。

那是在1992年的一次诗歌笔会上，我认识了牛汉先生。他提起了雷达先生。我就让他告诉我雷达先生家的并不太确切的地址。我竟找到了雷达先生家。可惜那次并没有见到他本人，只坐了几分钟便匆匆离去。

回天水后便给他寄了一本厚厚的书稿，这便是他信中所提到的“来信及目录”。其实，在当时谁能想到他会亲自给我来信呢？

事实往往是出人意料的。

也许雷达先生至今都没有明白，正是他这封信使我与文学越来越近，应该说他是使我走上文学之路的第一任导师。

从此，我每次来北京，他不管工作多繁忙，只要听说我来了，都要挤时间招待我。他借此了解家乡的一切，而我，也借此机会了解文坛的发展状况。

我和他的交往便一直坚持下来。

晓春小友：

你好！

来信收到，很高兴。

陈冠英先生的书已给了我，书很少，其实暂不给我也无所谓的。此等小事，不必再说。

你留在这里的稿子，去年装修时不知装在哪只纸箱里，要找。天水出版社应已与作家谈妥，能否加入，可能主要还得天水方面确定（李胜果来定）。我若再见到他们，可以建议，上次说过，你悟性甚高，天资聪慧，有些随感思路奇异。但都不太理想，多而杂，不如好好打磨出一些，认真写好每一篇，不要贪多，先争取在报刊上发一发，再收集。

春节快到了

望祝

合家快乐万事如意

雷达

1 月 24 日

这封信大约是 1995 年雷达先生写给我的。

记得他写这封信的缘由是天水要出一套花雨文丛，共计十本。当我知道这个消息时，就赶快给他写信，希望他能在百忙中代办出面联系，他便在信中透露出他的为难。其实，天水即使再出十套书，岂有我的份儿呢？在我面前，天水的文坛、诗坛有多少舞文弄墨之人都在等这个机会呢？

后来，他又来信谈到另外一件事。

小春侄：

来信为所附“雷达”的散文均收到，谢谢你的好意和忙碌。那位乡党“雷达”，如果并非本名，希望他就不要再沿用了，同是乡党，何必重复，天下将名多得很，何必“雷达”乎。据我所知，梁晓声、刘心武、余华均遇到此类问题。如果繁本名，则无法，任由他用，如果是令起用，就要起诉了，我一般不会起诉，但希望能将意劝说一下，咱们清水这位乡党。个中情理，不言自服，老乡应维护老乡，互相帮助，而非互相拆台。

……

雷达

4 月 19 日

这是我偶然见有人在天水的地方报上用“雷达”的名字发表文章，开始以为是他写的，但后来发现文风不像，笔触十分稚嫩，便将稿子收集起来寄给他去核实。他便给我回了此信。

其实，从现在的盗版猖獗来说，只是用了一下“雷达”名而已，而目前竟发展到大部分抄袭。学生抄老师、老师剽窃学生，学者抄专家、专家抄教授……

但从此信中，可见他的大度来，并没有要深追到底的意思，只是希望别人“再不要用而已”。这就是雷达，豁达、豪放的雷达。说实在的，我这位弄文学的“弱苗”，没有他的呵护，没有他的引导和指导，很难走到今天这一步。

因此，他是我走入文学十分重要的老师，更是一位父亲般的长辈。

2006 年 1 月

长歌当哭——忆雷达

我父亲般的长辈，我的恩师雷达先生走了，我本应该写点东西来追忆他的，但是我一直没写。这正如鲁迅先生在《记念刘和珍君》一文里所说的，长歌当哭是在痛定之后的事，一个人哀痛到极点，只有心绪的烦乱和混沌，哪有心思写所谓的文章呢？

今天是雷达老师告别仪式火化后的第一天，也是清明节，照例是一个冷清凄惨愁苦的日子，我只有坐在屋内，写点追忆他的文字来怀念他。

世界上的事就是奇怪，雷达老师去世的时间离他的七十五岁生日只差两天，真是一件想解释而又说不清的怪事。他去世的那天下午，我正在新阳镇凤凰山北麓的半山坡上奔忙，家乡新阳镇突然风沙扑面、遮天蔽日，连太阳都很愁惨，整个山川都淹没在一种凄凉愁惨中，完全没有了前几日新阳杏花节的灿烂明媚，杏花鲜艳一片花海的景象。那天我也是心绪烦乱，在屋里坐卧不宁，出出进进。屋内的朋友还问我今天咋心绪不宁、坐卧不安的。

谁能想到，悲剧就在这时发生了。

大约在下午三点，雷达老师的侄子进喜给我打来电话。我一接通电话，他就直截了当地说他兄弟雷容（雷达老师的儿子）打来电话说他爸去世了，我不敢相信他说的是真的，又追问他说的是不是真的，后直接打电话去问雷容核实。雷容只说他爸不在了，永远不在了，上了趟厕所出来就没了，便挂断了电话。我怔在那里半天，回不过神来，但结果得到证实，雷达老师确实去世了，永远地走了。我赶紧给若冰老哥打电话，他也是全不相信，说早晨十一点打电话还和雷达老师说了会儿话，说他想下午去拜访，雷达老师只说身体有点不舒服，下午要去医院。好好的他，怎么会突然去世？这位老成持重的老哥只是要求我再仔细核实下这消息，他说他也核实下。但是现实是残酷的，他真的走了。

当我在朋友圈第一时间发出这条消息时，好多人不信，发来信息质询，结果微信、网络上他去世的信息已是铺天盖地，他真走了，真的不在了。因为，雷达老师给我们大家的印象一直就是乐观、豁达。我经常去他家里，从没看出他害着多重的病，从未有病恹恹的样子，总是充满热情，声音洪亮地说："晓春，你来了。"然后是大声喊老伴沏水、倒茶……一番忙碌之后，总是问老家的事最多。他生命最后的十多年间，家乡的事从开始的大范围到问到每一个人，每一个细节，就连河边的一种鸟都问得很仔细，生怕遗漏了什么。有时问得我很茫然，看他有些失落的神情，我很后悔，后悔对家乡知道得那么少，连一位充满思乡之情的老人仅有的一点乡愁也无法满足。当然他也无数次托我打听老家的许多人和许多事，但是我满足他心愿的时候少，让他失落的时候多。这是我的疏懒。如今这成了永远都无法弥补的遗憾。

那天在他的灵堂，他的老伴杨秀清老人说："你戴一个吧，为他戴个孝，他一直把你当儿子一样对待。"事实正是如此。我一定要为培养了我几十年的父亲般的长辈戴孝，送他最后一程。

在孤寂的灵堂里，在泪水朦胧中，我想起了以前，想起了和他的点点滴滴。我和雷达老师有近三十年的交往，那时的我高考失意，成了一个流浪的社会待业青年。当时，我的父亲给我办了个社会待业青年证，沉默半天才说，哪个单位需要你的时候你才有事做，才能混碗饭吃，你就等吧。就这样，我十八岁高中毕业进了社会，成了一个流浪等待工作的待业青年。除了上学时写的垃圾似的一堆手稿外，我已是孑然一身。一个偶然的机会，我见到著名诗人牛汉先生。他说，有一个你们的老乡叫雷达的，是大评论家，你找到他他肯定给你帮忙，并给了我雷达家的地址。我在偌大的北京城找了一下午才找到雷达老师的家，可惜他出差不在，爱人杨秀清老人在，听说是老家来的后生青年，很热情。那时我的感觉就是北京人真热情，对我这个陌生的青年不但没有吆三喝四，反而又是倒茶又是递水果。我把我的文稿留了下来，并留了地址。不久我就收到了雷达老师的第一封书信，他在信的称呼上既没有摆名人架子叫我小毛，其实即使叫小毛也正常，我比他小三四十岁呀，也没对我在信里指指点点。让我受宠若惊的是信的开头竟然称呼我为小乡友，说我的来信他已收到，从文稿可见我的勤奋刻苦，作品待出版的事，目前读书市场什么热，什么冷，一望便知，可代为我联系云云。当时的我在社会上可以说是个地位低下、一无所有的流浪青年。而他竟然如此对待我，心里的震惊和温暖可想而知。这也是我能始终坚持文学创作的动力。

后来他退休后的十多年我经常去他家,就像父子般聊天。有次他说，晓春，你看我都退休这么多年，已没多大能力，你还这么重情谊，常常来看我。我说，我是看一位父亲，看一位对我关爱多年的长辈。我也反问他，我说你在作家协会创研部工作时五十岁还不到，那时的你真是事业如日中天，在文学界赫赫有名，我只是一个名不见经传的社会小青年、流浪者，我来北京找到你，你带我去作协的食堂吃饭，见人就介绍，这是我的小乡友，你从没感觉到我跟着你丢人，吃完饭还主动给我拿两个水果路上吃。他只是一笑说，忘记了。我说你忘记了，我可没忘记。这就是雷达老师，在乎别人，不在乎自己。

好多次，我去看他，看他喘气都困难，脸憋得通红。我说，雷老师，你年纪大了，不想去的地方别去了，能不参加的活动别参加了，不该去讲课的地方别去了。他马上有些激动地说，晓春，咋能这样说呢，朋友所托的事咋能推掉呢，不然对不住朋友。我突然觉得很心酸，这就是他，还是永远在乎别人不在乎自己，拿自己最后的心血生命完成着对朋友的承诺。

尤其对家乡的事，他更是不遗余力，每次家乡来人，家乡有事，他都是毫不推辞地完成，无论学校、政府、村里还是个人，几乎达到有求必应。2014 年，他像孩子一样兴奋地参加公祭伏羲大典，回老家那回，他晚上在车上睡觉时呼吸就很困难。听到他艰难的喘气声，我家六岁的小女孩半夜不止一次起身问我，雷爷爷咋了。我说雷爷爷喘气有些困难，没事。他在家乡人面前依然谈笑风生，谁能想到他已经是一位病重的老人。李杜诗歌节，他提前给我打电话，我正好在深圳出差，说去不了，他说那就让你阿姨陪他去。他去了。李杜诗歌节的颁奖是直播的，当我看到他艰难抬腿登台的瞬间，看到他在台上定会儿神才缓过气宣布获奖名单时，我的心突然很疼，不由得流下了眼泪。当若冰兄写的微信说老人几乎是被架上车的，我就再也控制不住自己了。这就是痴爱家乡的老人，拼着最后的精力为家乡做着事。后来听他老伴杨秀清老人说，那次李杜诗歌节上车后他全身发凉，不停抽搐，呼吸困难。她把雷老师的脚捂在怀内好长时间，并哭着说，让他要坚持住，可不能把她丢到半道上，不然她可咋办。他一下车回家就吸氧，好多天才缓过来。

最后见雷达老师是去年的腊月，王家庄书记王想生来北京说家乡凤凰山庙会修了一座凤凰山的山门，要雷老师题几个字。我陪他们去，他非要请家乡人吃饭，但那时他已经行动很困难了，家里和饭店就隔着一条马路，他已经走不过去了，但他还是那么倔强，要强地让其他人先去饭店，然后让我用车拉他到饭店。一顿饭他几乎没吃什么，只是看着大家吃，回去后利用午休时间给家乡来的人用颤抖的笔签名。我赶紧催大家走，看他吃力的样子，我就难受。但是他还是记挂着这个，记挂着那个，给这个签，给那个签，如今那些签名成了他的绝笔。

腊月底他给我打来电话说凤凰山牌坊上“人杰地灵”的匾牌写好了，并照了照片发给我微信，让我务必转给庙会制牌匾的人。如今牌匾制好了，他却不见了，永远看不到了。年后只收到他的一条微信，就是他出版的书《观潮大观》里李敬泽写给他的序文，他是把他的喜悦无声地告诉了我。我想我回去就能见到，就没回信，不料这成了永诀。

他走了，我再也听不到他亲切喊我名字的声音了，我再也看不到他孩子般的笑容了，我再也听不到他批评我的声音了，我再也不用给他带家乡的酸菜浆水了，我再也不带家乡的人让他无休止地题词、写序文了，我再也听不到他沉重的喘气声了。一位父亲般的长辈走了，一位在我新书首发北大百年讲堂上仗义执言的长辈走了，一位在我作品研讨会上慷慨发言为我执言的前辈走了，一杆中国文学评论界的大旗倒了。新阳镇失去了一位值得自豪骄傲的儿子；文学界失去了一座灯塔；我失去了一位鼓励我、批评我，使我奋进的长辈；中国西部的文学发展失去了一位良师益友。

正如若冰老兄所说，他为家乡付出了如此多，用毕生的精力写家乡，爱故乡，他只希望在渭河畔有几间瓦房，垂柳依依。有这么一位老人，曾经人们怀念他，是后辈们学习的楷模。但由于种种原因，雷达文学馆还八字没一撇，雷达旧居还是满院荒草萋萋。

正如他自己在文章《新阳镇》里所说，“我的家在那里，我该向那里去”。

2018 年 4 月 5 日草就于雷达老师告别仪式第二日

痴爱玫瑰的老人

——怀念冰心老人

她离去了，但这盏20世纪的“智慧之灯”仍然永远地照着我们。

就在20世纪末的1999年2月28日，冰心老人已离开我们一年多了，她的生命，走完了整整的一个世纪。同样的，她这盏“智慧之灯”启迪、教育了这个世纪一代又一代的人。她真的走了，就在这个世纪末，安详、平静地走了。

我见到她，还是1995年夏天的某一天，是萧乾老人——“她可爱的小弟”（冰心语）引荐了我。就在那静静的病房里，我见到了她。

一位老人，一位作家，一位一生痴爱玫瑰的人。

我佩服她矍铄的精神、敏锐的思维。她的脸上依然是那样慈祥、和蔼、平静的笑容，充满着关怀和慈爱。

当陈恕先生重复了一遍我的话，她又转身轻轻问了一遍，对我这个大西北偏远地区来的文学青年似乎特别关爱。

《寄小读者》《小橘灯》……是我读初小时课本里的文章。眼前这位世纪老人，乃是我心中的名人、作家。不知是激动、兴奋，还是惶恐，对着她，我竟一句话也说不出。

感谢萧乾老人的热情引荐，才使我见到了这位20世纪崇高的文学大师；感谢陈恕先生，是他，按下了快门，留下了一张珍贵的我同冰心老人的合影照片。

南北朝的著名评论家刘勰曾在《文心雕龙》里写道，评论一篇文章的好坏首先看作者是在“为文造情”还是“为情造文”。

“为情造文”，是冰心老人文章的特点。没有华丽的辞藻，没有艳丽的词语，朴素率真，娓娓道来，这是冰心老人文章的风格。尤其是晚年，她写的许多散文、随笔更动人，更震人心魄。

我喜欢她、巴金、萧乾、钟敬文、季羡林等各位著名大师对自己近乎“残酷”的心灵剖析，我喜欢他们卢梭般勇于承认“错误”，勇于解剖自己的精神。

这是文学的精魂，也是他们的崇高之处。

她虽然走了，但留下的让我们深深思索的东西却很多很多。

2000年8月10日于怡文斋

中学时就背你的诗

——我与贺敬之先生

上中学时，就在课本里学习贺敬之的《回延安》。要说见到贺老，简直是一种奢想，只是心中想想的事。但有一次，我去拜访著名诗人、学者徐放先生，看见他桌上给朋友寄书的名单，其中就有贺老的地址。我便用桌上的铅笔赶紧抄下了地址。到徐放老师走出书房时，我的心还像做贼似的怦怦直跳呢！回家后，我赶忙给贺老写了一封信，将自己出版的两本书寄给了他。刚开始，还有一种热烈的期盼，盼望贺老看见书和信后能接受我的拜访。但渐渐地，这种热情冷下来了，以至于将这件事完全抛到了脑后。有一天，我正在采访一位画家，突然手机响了，看到一个陌生的电话，我赶忙摁掉。接着又打过来，我只好接了。电话那边是一个响亮的声音：

"你是毛晓春同志吗？我是贺敬之，你的书我看了，很有感触，想约你来坐坐……"

我赶忙答应着，生怕打扰了他，最后还是他征求我的时间安排才约定了具体见面的时间。

那天下午四点钟，我准时敲开了贺老的家门。但是，平时随意的我又犯了一个不小的错误。我没有征得他的同意便随便带了单位的一位同事去。因为单位的同事听说我要去拜访贺老，去拜访这位《白毛女》的著名编剧之一，死活要我带她去。贺老一开门，见是我们两个人，忙不迭地道歉，说他以为我一个人来，只泡了一杯茶。这时我才看见桌上已泡好一杯冒着热气的香茶。随后他赶忙又补了一杯。

在客厅坐定以后，他说没想到我只是一个二三十岁的小伙子。从我的文章猜测，至少我已有50岁的年龄。就这样，我们谈了起来。我们谈到当前的诗坛状况，谈到新出现的什么“下半身写诗”，谈到某些人在杂志上对他的批判。他只是很平静地提到这些问题，并没有遭到攻击委屈似的发泄不满。他谈了许多，从他走上文学之路的经历，从他离开家乡到延安……他在用他的经历鼓励引导我在文学之路上如何走下去。直到华灯初上，我们还在谈。后来，他又招呼柯岩老师出来。柯岩老师好似大病初愈的样子，抱怨贺老让她见客应该提前告诉她收拾一下，就这么出来见客多不礼貌云云，但贺老并不在意，可见他的襟怀！

有了第一次拜访，就有第二次、第三次。我让他题词，他问我题什么，我说就题孔子的话“诗言志”吧！他便题了“诗言志”。后来，他又给我的《智者无为》的书名题词，而且一横一竖，慎重寄了来。再到后来，有一位杂志通过我想邀他当顾问，他便给我写了一封信，谦虚地认为他不是书诗家，不宜当顾问云云，可见他的谦虚和谨慎，并不似现在社会上的所谓什么大师有名就要，有会就参加，有证书就要。

不管如何，我认为，他开辟了一个新的时代，历史会记住他，中间的发展史会记住他。

他永远是一座文学丰碑。

2006年1月24日

写给《未带地图的旅人》

———怀念著名记者、作家萧乾先生

年前，我只得到他病重的消息。我祈愿他能转危为安，重新看到他弥勒佛般的笑容。他是一位经历许多沧桑和不幸的老人，不幸的童年、奔波流浪的青年、漂泊的中年、磨难的老年……

未带地图的旅人。

这是萧乾自己写自己的一生，自己对自己坎坷磨难的总结。一位饱经沧桑的老人，讲了一个个饱经磨难的故事。

我喜欢萧乾先生的文章，就凭他文章真的情、真的语言，无粉饰、无做作。

我敬重萧乾老人那神秘传奇般的经历；我敬佩他对人生不屈的坚强信念，他那让人仰止的风范；我更佩服他对人生的洞悉与豁达。

最后一次见他，是1997年8月。他就住在北京医院南楼，我进入病房，他在沙发上，还是弥勒佛般的笑容。谁料想，这竟成了最后的诀别。

早就知道他对年轻人特别谦和，有问必答，即使说错了，也没有多大关系，尤其对音乐，更是痴爱。

1998年底，文洁若老师给我寄来了一张贺卡，在贺卡的背面附言中谈起萧乾先生的病正在加强治疗云云。

今年，同样的春节，同样的年底，得到的却是他永远离开的消息。

同样的年底，同样的春节，竟是不同的结局。我案头，还放着他为天水的题词“天水充满神奇”，还放着他的《未带地图的旅人》，封面上丁聪先生给他画的漫画像永远微笑着。

有什么才能代表失去他的沉痛的心情呢?

2000年1月于怡文斋

2000年7月28日抄就

倔强的灵魂

——怀念新凤霞、吴祖光夫妇

一

我说，她没有死，去年我还在她家里见过她，依然是她事先接待我。她还是那样，艰难地拄着拐杖，一步一挪，倔强地不要人扶，和我第一次见她一样。但新凤霞老师确是去世了，就在今年。

直到我看了发在《老年报》上的她的讣闻，我才相信，真正地相信她确已离去了。

泪水，逐渐地模糊了我的眼睛，连讣闻的字迹都辨不清，但她的音容笑貌，却越来越清晰，终于，和着泪水，融成了一片，在眼前。

我只知吴祖光先生是大家，是中国戏剧界数一数二的权威人物。就因为他太有名，一辈子老是被批呀、斗呀，被整得死去活来，永远抬不起头来。他能活到现在，真可谓洪福齐天。

但新凤霞老师似乎比她的“那老头”吴祖光先生更有名，不仅文人学士、编辑名流知道她，即使普通老百姓，提起《花为媒》的主演，知道的人也不少。

后来，我不仅知道了她是中国名演里的名演，还拜她的“那老头”吴祖光为师学写作，竟写出一部巨著《新凤霞回忆录》，写出一个中国作家协会会员来。她也拜她的“干爹”齐白石学画，竟将画画进了荣宝斋。

就似我刚见她，她倔强地从轮椅上站起，不要人扶。她生命中充满着拼搏与奋斗。

我常常对着刚从地平线上艰难挣扎、亢奋上升的太阳而发呆，那种挣扎、上升、拼搏是多么吃力呀！

因此，我是那么喜欢观涛和看日出。

由此我又想到了新凤霞老师。

我曾给吴祖光先生一幅由百佛印组成的福寿图，新凤霞老师马上在电话中对我一本正经地说：

“你给祖光那福寿字，给我有没有？”

在她倔强的心底，即使他们夫妻，祖光是祖光，新凤霞就是她新凤霞。

可见她敏感的自尊、倔强的个性。

新凤霞老师一生很苦，就单凭每次挨整，都是周总理出面，老重复着“新凤霞是贫苦农民出身”那句话保护她，就可猜想一个大概。

第一次，第二次，第三次……

每次，都是她热情地接待着我；每次，她都是不要人扶，倔强地自己从轮椅上站起，送我到门口。

在我心里，失去汪曾祺、刘绍棠、陈荒煤等各位老师沉痛的心还没有平静，又添了新凤霞老师去世的悲哀。但作为奋斗到底，和命运抗争到底、拼搏到底的新凤霞老师，却是死而无憾。

就此顿住吧，我沉痛地悼念，让她回到大地的怀抱，得到永生。

二

今天，我才从报纸上看到吴祖光先生昨天突然辞世的消息。尤其在《北京晨报》上，记者不但采访了吴祖光先生的挚友丁聪、黄苗子两位先生，也有吴祖光的小弟吴祖强先生的哀伤之词。

中国的文人辞世吊唁，往往成了活着的名人交往聚会的场所，一向为小民所不知，等到小民知道，已是完毕的结果。

我对吴祖光先生是比较熟悉的，单就他多次对我直接的帮助，我应该去吊唁的。但继而一想，来吊唁祖光先生的大多都是有头有脸的重要人物，而我，虽然饱含着对吴祖光先生去世的悲痛，但夹在这些大人物之间，似乎很有些不相宜，于是便打消了这念头。

其实，祖光先生写的许多著名剧本如《风雪夜归人》《正气歌》等我并没有见到,因为20世纪40年代在“国统区”上演正红时还没有我。即使新凤霞演过的《花为媒》我也没有看过。那时在西北的农村，看戏看电影是很困难的，富裕一点的村子才能请来放映队，隔村十里八里才能看上一场电影。因此对吴祖光先生的了解也就寥寥无几。

大约在1995年，地方的一位艺术家要我找几位名人为他的生肖篆刻题词。首先是萧乾先生和文洁若热情地介绍，他们告诉我吴祖光先生家的电话。我拨通电话，是新凤霞接的。她说：

“祖光正在睡觉，你过会儿来电话好吗？”

由此可见她对吴祖光先生的照顾和关切。正如4月12日在《北京晚报》副刊发表的和宝堂先生的文章所叙述——

“新凤霞得知她丈夫吴祖光患有中风先兆时，曾严肃地对丈夫说：‘从此我们应该加倍爱惜自己的身体，因为你离不开我，我也离不开你，我们是相依为命的夫妻。’”

我见到的吴祖光先生，面部有些木讷，穿一件大花袄。他说话很缓慢，大都是听我说。在我怀疑他对我的地方方言能否听懂时，他竟然在我拿的册页上为那位篆刻家题写了两句很精辟的话，内容竟和地方艺术家委托我要祖光先生题词的内容一样。而在我的册页上，他题下了“生肖百态天水无涯”。这段题词，我已发表在甘肃省天水市第十期的政协文史资料上了，它体现着祖光先生思维的敏捷。

第二次见到他，是我突然造访。他大白天竟毫无顾忌地在客厅里洗脚。他露出了歉意的憨态般的微笑。我没想到敢引发国贸案一直坚持到底的竟是如此一位憨厚的老人。

看来人真是不可貌相。

从他的大白天洗脚，可见他还有中国古名士无拘无束的风度。

陕西有一位艺术家，篆刻了一百个不同的佛像印，又用此佛像组合成了不同的“福、寿”字。我曾给赵朴初先生送过一幅，据说就挂在他家内。我又给吴祖光先生送去了一幅，他竟在我拿的另一幅上题下了“与天齐寿”四个大字。这幅字我至今还保留着。不料想，写字的人却已驾鹤西归了。

不管别人称颂吴祖光先生是神童也好，天才也罢，也不管他曾担任过多么显赫的职位，名气有多大，他的一生，是传奇的一生，是充满坎坷的一生。从旧社会被国民党通缉到新社会被打成右派，再到晚年的国贸案官司缠身，他就一辈子没有轻松过。

这就像他剧本里悲剧人物的命运一样。

和宝堂先生却说，虽然吴祖光先生去了，但也是“生正逢时，去亦无憾”了。

我只能带着沉重的悲痛祝愿他：

祖光先生，请一路走好。

2003 年 4 月 11 日吴祖光去世两日后，12 日整理

不尽的思念

——记著名小说家、散文家、学者汪曾祺先生

汪老走了，永远地走了。我应该写上一点纪念他的文字，但总没有写。

直到现在。

这是我心底始终的愧疚。

我经常低头看见压在玻璃下他谈笑风生的照片，经常想起告别他时他留给我最后的眼神。谁料，这一切，竟成了最后的诀别。

汪曾祺先生不但编剧、教书、写小说、写散文，还做的一手家常好菜。有一次，他忘了怎么做鱼，就打电话问林斤澜先生。于是，两位老人就隔着电话闲聊。等到学会做鱼时，他们俩的小说也该谈收尾了。

读汪老的散文，是那么清新、自然，尤其那蕴含的哲理、清雅的语言文字。《受戒》作为获奖名篇，值!

我以为，这才是真正的“大家”。

由于和先生接触，也就常常留心他的文字。我最后一次看到他，大约是登在《读者》上的他的一张照片。他半蹲着腿，在海明威墓前。

我心里突然电光一闪，他为什么要到美国拜祭海明威的墓呢？海明威可是世界公认的硬汉、男子汉。他的《老人与海》，是力的蕴含，是对生命的挑战，是和命运不屈的搏斗。

莫非……

没有说出的，我认为才是真正的内涵。

谁能料到，每天还做着晨练的他，和我整整谈话三个多小时的他，还趴在桌上一笔一画给我的散文集《生命风景线》题书名的他，还幽默地问我他的字写得好与坏的他，还在说我普通话说得不够标准的他，还和我相约再见面的他，竟然……

我再也见不到他可亲可敬的身影了，我再也不能聆听他的教诲了，我……

这是中国文化界难以弥补的沉重损失，也是我最深沉的损失。

先生走了，永远地走了，但他在海明威墓前的身影和海明威那象征男性力量的《老人与海》，永远在我心里。

1998年7月22日

2000年7月28日定稿

从《废都》到《怀念狼》

——我和贾平凹先生

平凹先生的《废都》出版后，被炒作得一塌糊涂。我曾买过一本认真地读过，感觉远远不如社会上和报纸上说得那么玄乎。我和著名评论家雷达先生谈起平凹先生的《废都》，感觉还是淡淡的。雷达先生对我提出平凹先生书中的质疑，也并不以为是多吃惊的事。

后来，对平凹先生的宣传也就离奇起来，将他和魏明伦先生说成全国著名"鬼才"作家者有之；说他们做人不合群，行动怪异者有之。到读了《平凹的佛手》一文，才知他走了参禅悟道的路，尤其那书法，据说很值钱。

我喜欢他以前的散文《丑石》《疚人》诸文章，喜欢他那诡异的思维，对人情世态、社会人生的把握之准确，体验之深。他的散文，我认为包含两类：一类是有着泥土气含着山花芳香淳朴乡土的散文；一类是辩理思维深刻，对人生、对社会有着深刻剖析的社会性散文。

正像《收获》的编辑问他："怀念什么不好，为什么偏偏要怀念狼呢？"

"正因为狼是以一种凶残的形象存在于人的印象中，也恰恰是狼最具有民间性,宜于我隐喻和象征的需要。人是在与狼的斗争中成为人的,狼的消失使人陷入了惊恐、孤独、衰弱和卑鄙，乃至死亡的境地。怀念狼是怀念着勃发的生命，怀念英雄，怀念世界平衡……

“关于狼的故事，我小时候听过好多，比如狼把谁家的小孩叼走了，谁家的鸡、狗又被狼吃了……”

这是平凹先生的解释。

是的，关于狼的故事，我和平凹先生一样，从小也“听过好多”，我的童年就是在关于狼的恐惧中度过的。但平凹先生将它写成小说了，写成了一部以狼为典型的小说,竟给小说起了一个很深情的名字《怀念狼》。

据说，平凹先生是很神秘的，行动诡异，居无定所，尤其出席什么会议，就更稀奇了。但著名书法家卫俊秀先生的书法研讨会，他出席了，就坐在主席台的最后排。我和平凹先生的最初相识就是在卫俊秀先生的书法研讨会上。在会议大厅内，我见到了平凹先生恭恭敬敬写给卫老的书法贺词，字体斗圆饱满，那书法似乎真有些“佛气”，但具体写了些什么，已不记得了。

在会后闲聊时，我说我和雷达先生不但是老乡，而且是被他挚爱的小友，我和雷达也曾谈起他的小说《废都》，甚至有过争论。他说雷达他是认识的。我和雷达先生对他小说的争论，他并不以为意，再没有深究。我说，见报上登着他对佛学感兴趣，便给他带来了由百佛印拓的“佛”图。他很是感兴趣，要我立即从包内拿出来展开看。

百佛图他收下了,很是感谢。吃饭时,大家互相敬酒,他是不饮的,用饮料代替。饭桌上，别人说得多，他说得很少，陕西省西安市著名书法家白志坚先生，拍下了我和他的照片。

从报上，看到了他关于新作《怀念狼》的写作谈话，我和他在一起的情景便浮现在眼前，便写了以上的文字。

2000年7月28日记于怡文斋

映日荷花别样红

——我与季羡林先生

这几年写季羡林先生的文章和书籍可谓汗牛充栋。但是，季羡林那种上善若水、智者的情怀使人难以忘记。

认识先生大约是在1996年。那时的我还属于真正意义上的毛孩子，仅仅二十岁左右，对季羡林先生的认识也就很模糊。只是通过别人口头介绍的一点儿先生的情况，模糊地知道他是一位大学者。至于怎样有名，当过北京大学的副校长，懂几个国家的语言，尤其对佛经研究很精深，就知道得很少了，以至于刚见他竟有失落之感。

那是在一个夏天的傍晚，斜阳夕照，余晖洒在北大季老门前的那片荷池中。池中娇艳的荷花和娇嫩的荷叶随着清风在夕阳的余晖中摇曳。它们似乎刚从中午酷热的昏睡中醒过来，显得精神抖擞。荷池畔的石凳上，坐着两位学生。他们将头埋在书中，正在聚精会神地读书，真是一幅柔和静谧的画。后来我才知这池中的荷是季羡林先生亲自种植的。季羡林先生所谓“朗润园”的家就在这荷池边上。那是我第一次见季羡林先生。我原以为北京大学这些老先生住的所谓的“园”，什么“燕南园”“中关园”“芳草园”，还有季羡林先生住的这“朗润园”恰似于我想象中电影上演的20世纪30年代的豪宅公寓。这也是我见到季羡林先生觉得诧异的地方。他竟住在一栋北大普通的家属楼内，大门竟是没有装防盗门的一扇普通的油漆木板门。以至于我怀疑自己是否找错了门。第一次见他就犯了一个不小的错误——因为我粗心得忘了关门，季羡林先生那两只可爱的波斯猫竟然乘机溜了出去。他来不及招待我坐下，就招呼我和他家的保姆阿姨去抓猫。那两只淘气的小家伙似乎故意和人捉迷藏，故意闪来躲去，甚至蹲在远处的石凳上眨着调皮的眼睛看着你，你凑近它马上又跳跃着跑走。最后，好不容易在众人的帮助下才抓住了那两只淘气的家伙。季羡林先生累得气喘吁吁。看着他将那两只淘气家伙抱在怀中像孩子般怜爱的神情，众人所说的季羡林先生爱养猫的传闻被证实了。

古人说智者是上善若水的。季羡林先生正是这样的人。和他在一起我觉得是和一位老者在交往，和一位已透悉人生大道的老者在交往。以前，我想象中的名人都是穿着名贵服装，坐在大书斋中，人一见就得恭恭敬敬地低头弯腰。其实，我只是把小时看到的电影上的一点儿知识想象在别人身上而已。眼前的季羡林先生穿着一件很普通的粗布衣衫，甚至土得连大街上都很难找到穿这种衣衫的人。难怪说季羡林先生在北大的校园散步，刚入学的新生让季先生为其照看行李了。

我让他为我的家乡甘肃天水题词。他幽默地说，甘肃天水的麦积山石窟是以泥塑为主的中国四大石窟之一，其他石窟的佛像大多是以石料为胎雕塑的，可你们天水麦积山石窟的都以泥塑为主，它可是西方净土塑的，灵着呢！

当时我竟没有反应过来他的幽默，心里只觉得好笑，连这老头也讲迷信呀！我将他给天水的题词拿回家以后，大家很是激动，觉得我能要来季羡林先生的题词很是不简单。因此，我也就数次折磨、麻烦这位已90多岁的善良的老人。我们天水的伏羲庙题写牌匾我去找他，有人出书题写书名我去看他，书画院要开业也要我去找他……

他对我这种“贪得无厌”的“过分”要求从不拒绝，每次都是很认真地完成。直到牛汉先生有一次对我很慎重地说，季先生已是风烛残年的老人，时间很宝贵，有好多事要做的，我才懊悔我鲁莽了。每次都是和季羡林先生毫无节制地任意聊，每次我都让他做这做那耗费他宝贵的时间。但季羡林先生每次都很认真地对待我，从没有推托和敷衍。可见他是一位“上善若水”的智者。

两年前，我让他为我的随笔散文《智者无为》题写书名，我怕再打扰他，只随便写了一封信寄给他，其实我只是抱着一半的希望。从我和先生的多次交往中，我坚信先生是一定会写的，但先生已是90多岁的老人，每天还要写许多文章，还有着许多应酬，况且，听说他又在病中……

是先生的助手李玉洁女士打来的电话，说先生已题好书名，让我来拿。我赶到北大先生的住所“朗润园”，果然，《智者无为》的书名已经题好，李玉洁女士亲自交给我的。我才知，季羡林先生真的已住院。这是他在病中为我题的书名呀！

先生就是先生，一位上善若水，透悉人生大道，又对年轻人百般爱护的老人，一位著名的学者。这随便写的一点文字，算是对先生晚年健康最衷心的祝愿吧。

2005年5月定稿

明月清风不劳寻觅

——怀念赵老

赵朴初走了，按照佛的说法，他到“佛”那里去了。他的遗嘱这样写着：“生固欣然，死亦无憾，花落花开，水流不断。我兮何有，谁欤安息，明月清风，不劳寻觅。”

……

三年前，西安搞篆刻的润堂兄的《中华百佛图》篆刻完成时，首先想到的是赵老。只有赵老，作为中国佛教协会会长、宗教界让人敬仰的大师、西泠印社社长，鉴定此艺术品才更有权威性。

润堂兄将长达25米的《中华百佛图》长卷往我面前一推：“你看着办吧。”

言下之意是非让赵老看不可。

多亏了中国佛教协会副会长周绍良先生，是他极力引荐，我才有见到赵老的机缘。在中国佛教学院的毕业典礼上，我第一次见到了他。当我在来宾大厅将百佛百印组后拓成的巨幅大“佛”字展现在他面前时，赵老很激动。在工作人员的搀扶下，他从沙发上站起来，一个一个仔细欣赏着盖在宣纸上的佛像印，赞不绝口。当我告知，这是我专程来北京送与他让他看时，他双手合掌连连感谢。

礼佛的上殿仪式开始了，赵老在众人的搀扶下，缓缓走进庄严、神圣、肃穆的大雄宝殿。他在圣坛前，庄严、虔诚地双膝跪在坛前，两手平放，慢慢地、慢慢地拜下去……多亏了我手中的相机，保留下了这珍贵的瞬间。

在座谈会上，他回顾了即将回归的香港经历的百年屈辱历史，回顾了抗日战争中日本人在中国土地上的烧杀抢掠，回顾了解放战争年代的艰难岁月。同时，他也对即将毕业的佛学员提出了要求，寄予了希望。

他讲得最深刻的一句是："一个人活着千万不能做汉奸和亡国奴。"

刻骨铭心，至今难忘。

我和他一起的珍贵照片，至今还保留着。照片上的他，依然慈祥、和蔼地微笑着。虽然他已离我们而去了，但是佛家说"佛"即在心中。那么赵老，同样在我们心中。

一九九八年怡文斋

拨动那根痛苦的琴弦

——怀念著名评论家唐达成先生

直到我看了中国著名作家陈丹晨先生发表在《读书》上的怀念唐达成先生的文章，我才知道，唐达成先生确已离去了。

最初，我只是从雷达先生口中知道唐达成先生是中国著名篆刻家唐醉石之子，原任中国作协党组书记，担任过《文艺报》编辑。我所知道的仅此而已。

第一次见他，就在他宽敞充满书卷气的客厅里。他的洒脱和大度，无拘无束的谈话，放松了我初见的拘谨。那次谈得最多的是第二次世界大战和当时欧洲的战况。对于文学，我们谈得很少。记得谈到萧乾先生到欧洲采访，他说，第二次世界大战只是被少数权势者所利用而为了私利发动的一场战争。他似乎很赞同萧乾先生的这种观点。

当我看了他发表在《人民文学》上的《拨动那根痛苦的琴弦》那篇文章，从这“管中窥豹”的有限文辞中，他理性的高度概括评论，让人忧思的文字，我才知除和我面对面高谈阔论的唐达成先生以外，还有一位作为作家、评论家的唐达成先生。

第二次见他，彼此久已熟悉了，谈话也就专以文学为主。当然，也谈当时正在文坛上活跃的作家如刘绍棠、汪曾祺等人。

他也聊他的经历，问我家乡的风土人情、人文景观。我们也谈我家乡的伏羲庙、大地湾、麦积山石窟。他那孩子般惊奇与羡慕的眼神，至今都留在我的心底，深深的。有一次，我突然想要一张他的墨宝，想收藏一张他的字，便给他写了一封信，信中指定要他写曹操的《龟虽寿》。他便“遵嘱”寄来了他的墨宝，还写了一封简短的信，这是我保留的他的绝笔信件。信中他就已说明他的无法疗救的疾病。但我并不以为意，侥幸地想，现在的医学技术如此发达，怕什么呢？一定能够医好……我很懊悔小县城消息的闭塞，他的去世我竟一点儿也不知道。他说他要来看看我们天水的伏羲庙，要来看看我们的大地湾，要来登临麦积山；他说他要给我的杂文题词，写序，写评论……这就是唐达成先生，对你提出的任何要求都不拒绝的“好人”唐达成先生，还有许多愿望没有完成的唐达成先生。不料他竟走得这样匆匆。

我又想起了他留在我心底的对死亡的那种豁达与坦然。记得赵朴初先生在他的遗书里有这样的话：“生固欣然，死亦无憾，花落花开，水流不断。我兮何有，谁欤安息，明月清风，不劳寻觅。”同样，这也是在我心底的唐达成先生。

死去何所道，托体同山阿

——怀念国学大师张岱年先生

“张先生是一位君子，刚毅、木讷、近仁，说得少做得多，非常平和中庸。”

这是中国哲学教研室和张岱年先生一起工作了二十余年的李中华教授说的。

我见到的张岱年先生，何尝不是这样呢？

那是1997年左右，我去拜访季羡林先生。我说我想见见张岱年先生，他便给了我中关园的地址。没见到张岱年先生，就知道他是《中国哲学史大纲》的著作者，是学界的泰斗。北大百年校庆，张岱年先生不就是敲钟人之一吗？由此可见他受到的尊重。中国十大哲学家中就有张岱年先生。存活在世上的除了他以外，还有任继愈先生。

那是一个酷热的夏天下午，北京的马路热得似乎连红薯都能烤熟。知了在树上拼命地叫着。我敲开了张岱年先生家的门，他是敞开着衫衣挪着蹒跚的步子来给我开门的。他虽然高高的个子，但佝偻着腰，戴着一副黑边眼镜，简直就是一个乡下老农的打扮。而且，尤使我惊异的是他穿的衬衣腋下竟破了一个大洞。要知道，现在谁还穿着有破洞的衣服呀！而且，张岱年先生是国内有名的大学者呀！他是被誉为弘扬文化、再铸国魂的国学大师呀！他不以为意，和我在他那狭窄的书堆里攀谈起来。他表情虽然有些木讷，说话迟缓，但从他的谈话中可以感觉出他敏锐的思维、渊博的学识。为了消除我见他的拘谨，他问我西北的风土人情，问我西北的天气。

我说，大约和北京差不多，夏天也很热。

他竟幽默地说：

"看来凉州不凉呀！"

我笑了。

那次，我想和他照一张相作为留念，他去找他的老伴让她给我们拍。他老伴好似很恐惧的样子，连连摆手，我只好作罢。只记得那次他在我的册页上题写了"社会主义精神文明建设不可懈"之类的话，我记得不太清楚了。

不愧为大哲学家，题词都和别人不一样，都是充满智慧的哲学用语，不像其他人给写的诗、名人格言之类。

第二次见他，我有了上次的经验，带了一个伙伴去。记得他给天水地方文化机构的题词是"振兴天水经济，弘扬天水文化"，他还慎重地告诉我，以后有哲学、历史方面的问题可以请教兰州大学的赵俪生教授，不必大老远从西北跑来北京。可见，他虽然说话不多，竟是一位热心、关心别人、替别人着想的人。

我给赵俪生先生只打过一次电话，他对张岱年先生是很尊重的。他说他和张岱年先生的哥哥张崧年也是很熟的，他哥哥也是有名的大学者，但他正在病中，对这次不能见我很遗憾，并一再说既然是张先生介绍的人，有什么问题以后可以直接找他，有什么问题他一定尽力去做。可见他们真挚的友谊。

张岱年先生出生于 1909 年，河北献县人。1928 年考入北京师范大学教育系；1933 年大学毕业被清华大学哲学系聘为助教；1937 年抗战时期，闭门著书；1943 年任私立中国大学哲学教育系讲师；1946 年回清华大学哲学系任副教授、教授；1952 年全国院系调整时，调任北京大学哲学系教授；从 1980 年起，任中国社会科学院哲学研究所兼职研究员；1983 年加入中国共产党；1986 年兼任清华大学思想文化研究所所长，并兼任中国哲学史学会会长；现任中华孔子学会会长。

张岱年先生走了，驾鹤西归了。但他那挪着蹒跚的步子开门的身影，敞开胸怀的衣衫，还有那腋下那没有补的衬衫大洞，使我永远难以忘记。

看着《北京晚报》上登载着他去世的消息，神情黯然的我，写了以上文字，算是对先生的怀念吧。

张岱年先生，请一路走好！

2004 年 4 月 24 日草

人瑞文宗，百岁学者

——忆钟敬文先生

据说，钟敬文先生也有幽默的时候，在麦子、慕云写的忆他的文章里就有写他幽默的片断。那是他 90 多岁时，一次赴友人宴席，当佳肴摆满宴桌后，牙齿几乎全脱落的钟先生对大家说：“你们吃吧，我是个‘无齿之徒’，对付不了这些东西。”一会儿，为钟先生另做的热汤面上来了。钟先生依然妙语解答：“我是欺软怕硬，你们千万别学我呀！”

另外，一则报道说，有一位教授吹嘘说他著了几本书，写了数百篇论文。而钟敬文先生却说：“我的天，我一辈子才就写了不到五篇论文。”

钟敬文先生的学术成就是有目共睹的，直到死还带着博士生，还去教室为学生讲课，“敢舍弃，有毅力”更是钟敬文先生的治学精神。

1997 年夏天那个洒满余晖的傍晚，我到师范大学专家红楼去拜访钟敬文先生。这是我和钟老的第一次见面。

正如罗雪村先生画的钢笔素描画，钟敬文先生的书房并不很大，大约十多平方米。房子里的光线有些昏暗。房子两边靠墙的是一直堆到天花板的书籍。就在书堆中间，一位头戴瓜皮帽的老人坐在一张破旧的书桌前。这就是钟敬文先生。他穿着老式的大襟衣服，个子不高，面貌很清瘦。我真不敢相信，这就是被外界誉为中国民俗学之父、中国民俗文化和民间文艺的奠基创始人的钟敬文先生。他就在这样的环境中搞民俗学研究和民间文学的挖掘整理工作。这和现在某些所谓的专家、学者、名人动不动就是别墅、洋房、秘书、助手是多么不协调呀！

他说得少，我说得多，大意是说找他的目的，并为一位地方篆刻家的艺术作品题词云云。他爽快地给那位篆刻家题了词，什么话语，记得不太清楚了。但他在我的册页上题的“拯古老艺术于濒危，扬地方文化之特色”，我至今保存着。后来，家乡地方政府要出文史资料，钟老这一宝贵的题词便用在了书中。他为“天水伏羲民俗文化城”题的匾额，至今保留在我身边，已成为钟老最难得的绝笔了。

他逝世后，看了新华社的电讯，才知，他不但是中国民俗学的创始人和奠基人、著名的学者，还是一位散文大家，在 1927 年便已出版了第一本散文集《荔枝小品》。在五四运动中，他就投入到上街游行、抵制日货等救国运动中去。事隔几十年后，他回忆起五四运动对他的影响，吟出了“千年枯海怒潮腾，我也乘潮一后生”的诗句。

季羡林先生 90 大寿时，曾夸赞北师大 99 岁的终身教授钟敬文先生，还带博士生，并获得了第四届高等教育国家级教学成果一等奖。这说明，直至逝世前，他还在为学生讲经授课，不比现在所谓的有些人，稍有点成绩就开口权威闭口学者，要么称公称老，不肯进取了。

后来，我又去拜访他，还是在那间普通的书房里，还是那位戴着瓜皮帽，面部慈祥和清瘦的老人接待了我。他还是毅然为不知名的地方年轻的艺术家题词，鼓励他们。

在钟敬文先生的追悼会上，年轻的学子从四面八方赶来了，泣不成声地为这位百岁老人送行。黄苗子先生“人瑞文宗”的题词，是对先生一生最好的概括。先生走了，已离开我们三年了，只留下那红楼，在每天的夕阳下，还是那么柔和、静谧，和先生在世时一样。

我突然想起司马迁先生《史记》里的话“桃李不言，下自成蹊”，先生对我人生中的影响使我永远难以忘记。

2004年4月草于北京东部

霍老，这事我没办好

所谓的文学圈内人士，只要一提起霍松林先生，就不能不提起他和于右任先生的关系，不能不提起他和邓宝珊将军的关系，不能不提起南京中央大学的汪辟疆教授，不能不提起唐诗研究会，不能不提起20世纪50年代大学就作为教材的他的《文学概论》。霍松林，国务院学部委员，陕西师大教授，唐诗研究会会长，著名学者。我第一次见到他，他竟是一口听起来很地道，听起来很亲切的甘肃天水家乡话。正是他这一口地道的乡音，把他从外罩的神圣光环中拉了出来，感觉很是亲切。

新阳家乡的子安先生能朗朗背诵霍松林先生写给凤凰山的诗，能一字不落地背诵他为凤凰山写的数百字的碑文。甘肃天水，只要是有点名气，能开发成旅游景点的地方，没有不悬挂霍松林先生字的地方。他为天水的文化事业是不遗余力的，第一次给他写信，是家乡的村内要立一块碑石，因为村子就在山脚下，正对着凤凰山，他便题了“瑞映凤凰”四字寄来。在信上，他还详细地画了如何刻碑的图样。可见他对这事的重视和认识。

后来，我去陕西师大参加卫俊秀先生的书法研讨会，乘机拜访了他。当时他说了天水许多的往事，可惜我不甚懂，全都忘记了。只是他题词的情景，依然记得很深。

回到天水后，我突发奇想，何不鼓励他将他的书籍、收获的字画、手稿给天水无偿捐出一部分来，在天水成立个他的纪念馆，可供家乡子弟观摩学习。随后我给他去信。他马上答应了，并说只要有几间房陈列即可，不必浪费盖新馆云云。可见他每做一件事都是为家乡人民考虑的。随后他寄来了委托我办这事的委托书。有了他这“尚方宝剑”，我满以为在天水办这事易如反掌了，可见我的单纯幼稚。我找了时任天水政协副主席的王庆元先生，希望他撮合办成此事。王庆元副主席很热烈地答应尽力促成此事，但后来就一直没有消息了。再去催问，说已汇报给天水市管文教的苏维喜市长。但这事一直搁置了下来。后来霍老连连来信催问数次，我竟无法作答，很是尴尬，便一拖再拖。最后他的来信，对这事也失望了，也不了了之。而我竟觉得受了夹板气，十分委屈，真觉得自己也是出力不讨好。也许是少年人的年轻气盛，我将他写给我的信和委托书全寄给了他，只保留了一张委托书复印件作为纪念。

现在回想起来，他将这么大的事托付给我，可见他对家乡人民的信任。而我却将这事看得过于轻率和简单。但使我呐叹的则是市政府每年修这修那，修来的房子不是空着就是闲置。著名景点内的几间房竟然租给私人做工艺品店，为何将这位大师晚年对家乡一点保留的心意也难办到，陈列几本书、挂几张画的地方竟找不出来？他可是有国际影响的文化人呀！

后来，在天水国际伏羲文化节上，我又见到了他，我们都有些黯然，只是匆匆照了一张相了事。或许他已不记得这事，但我一直有一种深深的内疚，看着他八十多岁苍老的身影，这种感觉越来越浓。每次想起他，我真想当着他的面说，霍老，对不起，这事我没办好。

2006年1月26日草

梅花香自苦寒来

——我和胡风夫人梅志的交往片断

1985年，胡风在弥留之际，抓住梅志老人的手不放，嘴里不停地说：“我怎么说得清呀，他们又向我泼污水了。”这是胡风在临死前的幻觉。梅志老人将嘴贴在胡风耳边轻轻地说：

“你放心，谁也不会污蔑你，往你脸上抹黑了，我会为你说清的……”

就是这位伟大的女性，在年逾八旬之际，花了整整九年的时间，在胡风去世后，忍着悲痛完成了巨著《胡风传》的创作。

她真的完成了对丈夫的慎重诺言，替胡风将一切都说清了。1988年，作为文艺理论家、诗人、翻译家的胡风彻底平反昭雪了。

难怪乎胡风曾给梅志的诗里写道：“江南冀北春如一，红烛光前各换衣。”每次见面，他们都要各自换洗内衣，可见他们忠贞不渝的爱情。

新中国成立前，谁都知道，梅志不但是胡风先生的得力助手，而且是左联的老成员。作为左联宣传部部长的胡风先生，是鲁迅身边最亲密的人。鲁迅先生生前不但在国民党反动文人的围剿中战斗着，同时，也在战友和同事的攻击和误解中生活着。他战斗了一生，直至生命的最后也不妥协。当然，作为鲁迅先生最亲密的战友和学生的胡风先生首当其冲。比如，鲁迅和周扬等人的两个口号之争、和左联的决裂，都是胡风在最前面为鲁迅做文化先锋。因此，新中国成立前，他们就在和敌人明明暗暗的斗争中艰苦地生活着。正如梅志老人在《往事如烟》里写的“天天搬家，居无定所，躲避敌人成了常事”。

我见到梅志老人时，她已是一位很老很老的老人了。大约是在1994年，胡风先生已去世许多年。陪伴她的只有桌上放的胡风先生的大理石雕像。第一次见到这座雕像时，我不由得心里一股酸楚。这就是在鲁迅死后继续扛着文艺大旗战斗的胡风。

我见到的梅志老人却不是颓废沉沦、牢骚满腹的梅志，而是依然斗志昂扬的梅志，依然是和20世纪30年代一样在黑暗中陪胡风战斗的梅志，依然是对一切嫉恶为仇的梅志，依然是对胡风一往情深、誓志不移的梅志。

正如梅志所说：“温室般的爱情居多，一遇到风暴，便马上露出真相了，多少爱情的甜言蜜语在事实面前显得就很苍白了。”

第一次拜访她，大约是在1994年，是西安的著名诗人胡征老师介绍的。他们这个“圈内”的人都尊称梅志为大姐。当然，胡征老师也不例外。

几十年后，他们仍然对生活充满着火一般的热情，仍然一个个有着诗人的童贞，仍然是一位位在真理面前不曾屈服和低头的倔强老头，仍然从他们身上看不出任何的颓废和沉沦。

我曾经给梅志老人和胡征老师说想将他们这个“圈内”的人都接触到，对他们的作品、创作风格做一系统的研究，虽然他们很赞同，但由于种种原因这一计划搁浅了。况且他们有些人已相继离世，这一计划已不可能实现，只能成为一种遗憾了。但我接触过的牛汉、绿原、解放、胡征、何满子、卫俊秀等先生的影子始终在我眼前闪现着。

记得她老人家第一次给我来信，大约在1997年，大意是说胡征先生的次子胡宽在世时，组织人拍摄过许多老作家的个人资料，不料在胡宽去世之后，这一珍贵资料遗失。胡征想让我转告梅志老人，他想将这一工作继续搞下去，我因此给梅志写了信，她便有了回信。全文如下：

晓春先生：

来信收到，你的热心非常感谢，但此事做一次已经够了。再不可能给大家添麻烦了，大家再没兴趣了。何况多年后朋友们也多年迈，对这种干扰也受不住了。我意就作罢算了。

如果能找回过去的，倒还有一个纪念的意思。主要纪念胡征的一片热心的意思，现看来已不可能了。

请将我的意见转告胡征同志，谢谢他的关心和促成，但我也不是能保存这资料的人，年岁已大，本该由文学馆来做，他们又忙于建新馆，这一胡宽的好设想，只好付之东流而已。这是我的意见，请你勿为此操心。如有别事来京，可来舍下坐坐。

文安！

梅志

1997 年 12 月 22 日

虽然这件事情没办成，但我有了每次拜访她老人家的借口和机会。她对我谈绿原，谈徐放，谈牛汉，谈胡征，谈他们遭的磨难，谈他们中有的人不幸的家庭和多病的身体。她关心、关切注意着每一个人，真如大姐般地关心、呵护着这一群因他们而遭难的“弟弟们”。

卫老的《野草探索》一书还在我的书架上静静地放着，他已驾鹤西去了。但有位老人一直关心着他，这就是梅志老师。

这两年，我再也不忍心去打扰这位经过这许多磨难和不幸的老人了。愿她有一个安静的晚年。她和胡风这几十年被折腾得够苦的了。但是，我又见到了她六十多万字的《胡风传》，可见她顽强的努力。翻检我和她老人家的照片，看着这位柔弱的江南老太太，我不由心里想，是什么使她几十年如一日坚持不懈？是对信念抱着追求，还是她和胡风先生那忠贞不渝的爱情？

也许这两者都有。虽然她没有给我文学文字上的亲身指导，但她对文学的执着、对真理不屈的信念、对爱情的忠贞，永远是我的灯塔。

2004 年 4 月草

我的自传

我生于一个毛姓家庭，据说我这种属相的人最适宜干的职业就是医生和牧师，但我却选择了文学写作的道路。父亲给我起名为“晓春”，大概是“破晓之春，给万物永远带来生机”的意思。听长辈们说，我的祖上是从山西的什么大槐树下搬迁而来。但后来不知又移了多少次，搬了多少地方。到我的爷爷和父亲时，便在甘肃天水新阳镇的温集村定居了下来。我就出生在温集村的毛家庄，本村人叫毛家巷道。这个地方，当地老人又叫雷家地，说我的先祖是个教书先生，因为家乡发大水，逃难到新阳镇温集村街上，住在书房咀的破窑里以教书为生。后来当地姓温的大户人家女儿看上先祖长得英俊，又有学问，便招了他做上门女婿。这种传说颇有点古代侠义小说的感觉。总之，据说先祖成婚后老丈人便把雷家地的羊圈地给了他。他在那儿建了最初的宅院，便有了现在的毛家巷道。我一直在想，我们先祖的老丈人虽然不及戏文里演的王宝钏的父亲位高权重，当朝一品，但是比他开明多了，否则哪有我们这些后代儿孙呢？我们的村庄背靠着的就是凤凰山，据说是三国的诸葛亮点过兵、拜过将的地方，于是在附近很有名。我从小最熟悉的就是这高高的凤凰山。

父亲和母亲在一起生活了几十年，也不断地争吵了几十年，直到父亲去世。我记忆中父母不停地争吵，甚至打架的根源就是父亲无休止地打牌赌博。

父亲虽然用这种无聊的堕落手段宣泄着心中的苦闷和沉沦，却使本就岌岌可危的家庭更加困顿了。

这是使我直至现在对麻将、玩牌仍感到痛心的原因。

每当母亲和父亲打架，我和弟弟就惊恐地注视着他们，真不知我们该如何办才好。有一次，父亲将母亲打翻在炕上骑在身上还打，我便扑上去抓破了父亲的脸才算解救了母亲。这些我已不记得，还是最近几年听母亲闲谈时提起的。

母亲怀上我时，得了一场大病，有好多天无法吃饭，以为我被饿死在肚子里了，但幸而奇迹般地活了下来。于是，母亲直至现在还向别人唠叨我始终这么瘦弱，是因为在她胎内挨了饿的缘故。

也许，这都是真的吧。

当然，后来我所经历的种种磨难和艰辛，似乎证明着我生来就不是一个幸运的人。

我的母亲不识字，但在我的记忆中，她有着许多讲不完的故事，什么丁郎抱柱、王祥卧冰之类都是很小很小的时候从母亲那里听的。

母亲通过这些故事教给了我从小懂得如何做一个善良的人，当然，也造就了我在强权和暴力面前逆来顺受的懦弱。

老屋院中的正南方只有三间破旧的老屋，全家六七个人全挤在那三间房子里生活。二哥常常晚上要自己去寻睡处借宿。这样持续了好多年。

我到上学的年龄了，父亲便给我报了名。我们那时的入学手续似乎很简单，只要你能从一数到一百，便就报了名正式入学了。记得我们最初入学的教室就在村内古旧的戏楼上。一上课，我常常盯着头顶画得五颜六色、奇形怪状的图案发呆。

那时教我们的老师似乎很凶，只要迟到或者作业写错字，就用竹棍打我们的头和手心。我头上常常被打得满头是凸起的疙瘩，手常常肿得连书本都拿不住。

于是我就逃学。早晨我背了书包瞒了父母出来，就跑到野地里去，估量着放学的时间，又背了书包回去。直到老师亲自找到我家里来，这种办法才行不通，但我因此留了级而无法升学。

我上小学三年级时，父亲也彻底平反了，我们便又回到了城里来。于是，我也从乡下的乡村小学转到了城里的正规学校。

我渐渐能看书识字了，就有意无意地找书来看。不知从何处翻出几本古书，有一本《封神演义》，我便躲在僻静处贪婪地阅读起来，这是我读到的第一本古典名著，也是我有意识自己找书看的开始。

当然，我也将自己的零用钱积攒起来，去街上花两分钱租一本小人书看。这造就了我最初当官的思想。包龙图、八贤王、程咬金在我心里是何等高的地位啊！但世事的残酷使我的梦想一点点破灭。

自从当官的梦想破灭以后，我便从书里寻了这写作的出路。当时，我以为所谓的读书人都是“修身、齐家、治国、平天下”的圣人。这都是中了闲散时看的杂记、野史的流毒。

真正的读书人何曾有丝毫的浪漫与雅趣呢？

这不但是我的失落，也是我的悲哀。虽然又想去找另外的出路，但已在文学的沼泽里无力自拔了。

面对残酷的现实生活，我该去干什么？出路又在何方呢？

父亲给我找了一份差事，就是去戒毒所管理因吸毒而强制临时戒毒的“失足落水者”，我的工作就是当干警看住他们。这也是我步入社会的开始。我抱着文学的梦幻，为了生计和我不相称的职业周旋了两年多。我终于不堪忍受这种每天面对的面孔和生活，决计要寻别的出路了。

戒毒所做干警给我留下的沉重的记忆、感受及我的欢乐与痛苦，都包含在我的黑色的梦忆里了。虽然，它不是什么人生的经典，至少，也反映着我生命的路。

倘若说对世事冷漠的体会之深，对人生清醒的认识，大都是这几年的事，尤其当我陷入困境时。

自己一时热血沸腾，办了一家远东贸易公司，至于做什么，怎么做，很是茫然，但是公司的日杂费用得四处告借，还有其他的日用开支。公司最终没开起来，只剩了桌椅给人顶了账，但是沉重的债务已使自己喘不过气来。

轰轰烈烈的局面，只是昙花一现，便沉寂了，对生死与将来淡漠的毫无热情的我，驾驶着这艘毫无保障的生命之船在人生的大海上漂流着。

在这种被背叛和出卖，被爱与恨所抛弃的冷漠中；在这种对世事如冰的生活中；对人生就如在沙漠里似的孤独、寂寞的心境中，我只得躲在文学的领域里消磨时光。这样，我断断续续写了几十篇散文，集结起来，便是我唯一的一本散文集《生命风景线》。汪曾祺先生和刘绍棠先生在生命的最后能给这本文集以关怀和厚爱，我永远感激两位。

在外奔波、颠沛流离、流浪似的许多年后，我又孑然一身地回到我阔别多年的故乡。当时是怎样的一种感想啊！

于是我又写了几十篇杂感，集结起来，又是厚厚的一本，这就是《颓败线的颤动》。也就是我出版时改名为《智者无为》的稿子。

我无法忘记冰心、萧乾、文洁若、牛汉、李瑛、钟敬文、屠岸、徐放、胡征、唐达成、袁鹰、梅志等我的各位导师、前辈在精神和文学道路上给我的支持、帮助和鼓励。这些生命的灯塔，是我人生和文学道路上永远的航标。

于是，我又写了《跨世纪的灵魂》一书，后改名为《文学老头和文学青年》，我记述的虽然不是他们的全部，却是我和他们交往中最真切的亲身经历。

我有许多朋友，但大都在我困境时离开了我；我曾经真挚地用生命去爱过的爱人，在我最失落、最痛苦、最寥落、最希望得到感情慰藉时背叛了我，弃我而去。好多时候，我似乎觉得我在这个社会中是一个被歧视、被冷落、被抛弃的弃儿。但这一切，也许都是我生命中最宝贵的人生众相。他们个个在我心里活动、跳跃，扮演他们各自的角色，对我以前的生命，至少是一个总结。当然，我也自信地以为，它一定也将是我文学创作的里程碑。

这几年，除了我手头的几本文稿和我规划中的这部创作以外，我还是一个一无所有、一文不名的人。我还在沉重地、艰难地跋涉着。但我并不因此而后悔，因为，我既然选择了这条路，就得坚持走下去。

记得关汉卿曾说过：

“我是个蒸不烂、煮不熟、锤不扁、炒不爆、响当当的一粒铜豌豆。”

这也是我的人生信条。

契诃夫先生曾说：

“这个世界上，有大狗叫，也就有小狗叫，小狗不能因大狗的存在而胆怯不叫，关键是我们用各自不同的声调叫起来。”

这是文学道路上我所遵循的原则。

所幸的是，这才是我写作的开始。这就是我的所谓简单的传记。

修改于 2016 年 4 月

我的生命和文学创作

我写的这许多文字，反映着我的心声，反映着我的心境，从一个充满热血、充满梦想、充满抱负的青年，到一个孤独、寂寞、饱经世间沧桑及冷暖的青年。虽然，我的生命还很年轻，我的路还很长，但我的心却已很苍老。我觉得我的年龄和我目前的心境是那么不协调，就似一个身材矮小的人长着一个很大很大的脑袋。我的勇气在逐渐地，逐渐地消磨下去，消磨下去……

幸而，我还留下了这几本文字模样的东西，这对我是一点儿安慰。

据说，我的祖上是很富有的，柜子里的银圆经常碰得叮叮当当地响，但到我的父亲时家里已经很穷了，穷得只剩下三间大瓦房，那是怎么样的房子，怎么样的一座老屋子哟！剥落的墙皮，到处蜂眼似的窝，乌黑发朽的缘木，常常可以把我和弟弟的鼻子夹在里面的那宽宽的门缝和门窗。晴天太阳可以透过瓦缝直射到我们脸上；每到雨天，雨水透过瓦缝滴到我们头上、手上，凉瑟瑟地冰冷。还有那瓦楞上在劲风中瑟瑟抖动的野草，似乎在证明着这房子的古老和他的主人所经历的岁月沧桑。

但使我父母亲唯一感到自豪和解脱的理由是虽然家很穷，但人很兴旺。

八个兄弟姐妹，我是倒数第二个。

小时候，我只知道我有一个大姐，在很远很远的地方，很少回到家里来；也曾记得她经常哭着回来，和父亲吵一番嘴，又哭着回去。过后只记得父亲难堪的沉默和母亲那重重的叹息。

我并不知道大姐很小很小的时候就被送给了别人。

我上小学时，还没有内衣穿。冬天，棉裤贴在身上穿，光着脚拖着一双母亲赶制的黑平绒棉鞋。每晚在灯下，躺在被窝中，父亲总是在昏暗的油灯下给我和弟弟摸捉一个一个藏在衣缝里的虱子，在灯下挤得哗哗啪啪地响。夏天，我们全是光着脚丫满村跑。

大哥16岁就进藏去当兵，二哥在念书，母亲在家里要照看我们，家里只有父亲一个劳力。作为“坏分子”的父亲，虽然队里给安排了最累、最苦、最脏、最没人愿意干的活，但工分是不多给的。

谁让你是一个接受改造的“坏分子”呢?

当时按劳力分伙食，每到收获季节，院子里的粮食堆得小山似的高，生产队队长算盘拨得噼里啪啦地响，一边在算工分，一边叫每户的号分粮。大家都在紧张而有秩序地忙碌着。虽然，我们常常去得最早（这是因为家里早已断炊，等米下锅），但我们又是经常被放在最后面，等全村人都分完，才能轮到我们。

看着别人家大袋大袋地往家里扛粮食的时候，我们是多么羡慕啊!那时，我全部的祈望就是赶快长大和父亲一起劳动挣工分，给家里多分点粮食。

人有时那么不容易满足；有时，贫穷和饥饿又使人那么容易满足。

家里没有专用的厨房，只在老屋的廊上砌着一个小锅台，装着一个风箱，全家人的饭都是从那小锅台内做出的。夏天酷热无比，到雨天或冬天，雨水和雪花都会落在锅内。不但粮食不够吃，柴草更是不够烧。母亲常常是天刚麻麻亮就去村内大柳树下捡柳枝抱回来。

而隔壁三婆家的柴草——高粱秆堆得小山似的高，成捆成捆地束在后院里。

屋漏偏逢连阴雨，谁料到，父亲竟中风得了大病，病得很重，在床上躺了两年。这就使岌岌可危的家庭更加困顿了。家庭的所有重担都落在了母亲一个人的身上。她不但得替父亲在队里挣全家人的工分，要照看我们，还要含着屈辱、歧视、冷遇向别人乞求借款，从诬蔑中接了钱款到药铺给父亲抓药，找医生。

1976 年，对于我们的国家是多么灾难深重的一年，对于我们一个普普通通的小家庭，又是那么艰难困苦，那么难熬的一年啊！

谁又能想到，父亲还会平反呢？

父亲终于要平反了，县里派人来了解父亲的情况，四爷是队长，他的老婆，我要叫四婆的竟然狠狠地说：

“给一个‘坏分子’平反，简直是痴心妄想。”

父亲终于能拄着拐杖下地了，但平反的事自从县里来了人，便再没有了消息。父亲平反的消息对于这个荒芜、闭塞、落后、愚昧的小山村并没有留下多少波澜；同时给心底已彻底麻木的父亲也没有带来什么好运，父亲想拖着病体去干点轻松点的活，以分担母亲的辛劳，便向队里要求让他去看果园。

但四爷的老婆说：

“坚决不能让‘坏分子’去,他去,还不将园子里的土都吃光了……”

这是多让人痛心，至今想起来都心酸的话啊！

但父亲终于还是彻彻底底地平反了，我们终于要离开小山村了，要离开这个给我伤心、屈辱、歧视、冷遇但也使我度过了童年的小山村了。我要到异地去，去接触新的面孔，去寻求别样的生活了。

进了城，并不意味着进入了天堂。高楼大厦很峻伟，我们全家却都挤在一间小平房里；高级衣料满商店都是，我们却只能穿从乡下带来的打着补丁的粗布衣服。当然，从人们一见面互相“哈哈”的面孔后面，我感到了一种比乡下还重的隔膜。

在乡下，虽然有着许多伤心、屈辱、歧视、污蔑、冷遇，但也有比较自由、舒心的时候。至少，这些“坏分子”或穷透顶的“穷鬼”家庭可以来往。每晚劳作回来，大人们蹲在凳子上吧嗒吧嗒地抽烟，我们小孩子可以一起玩；但到城里，父母亲给我们的第一个警告就是少到别人家串门，绝对不能“惹”领导家的孩子。

这进而使我明白了，虽然地方变了，但人与人之间这堵高高的围墙却在人们心里越来越厚，越来越高，永远没有变。

幸而，我终于能看书识字了，开始大量在街道上的小摊上花两分钱租着一本一本的小人书贪婪地看。后来，我也能看小说了，记得我看的第一本小说就是中国的古典名著《封神演义》。

我懂得了，自古就有着许多压迫，有着许多冤枉和不平。我也懂得了受冤枉、压迫、屈辱、歧视的并不只我父亲一人，还有更多的人。

于是我的思想就有了变化。我想当官，想用当官来改造像我父亲一样命运的人，但我的幼稚就是将中国的官场看得过于美好。

“路漫漫其修远兮，吾将上下而求索。”

这是屈原的话，却也体现着我当时心底的孤独、寂寞、徘徊和彷徨。

弄文学是弱者才走的道路。我以为，狮子虽然不叫，却吃人；麻雀虽然叫得很欢，却是苍白的噪音。

但我还是拿起了笔。

由于以上的经历和心境，提起笔来当然就很少写什么山水散文、江湖侠客、朦胧月色之类的文章，我写出来的大都是对自己经历和心境的反映。当然，这也惹得许多人不高兴。

我们县城有一位编辑，他似乎也属于地方上的“名流”。在别人的引荐下，我去拜访他。我的稿子他并未看，而是很傲慢地说，他“名人”的稿子都看不完，哪有时间看我这个末等青年的东西呢？

没想到，我第一次接触“名流”就遇到了一个不小的打击。

当然，在这位“名流”那里，我也得到了不少文坛知识，比如所有的杂志都是有“等级”的，如分什么国家级、省级、市级等。当然，作家的作品也因为发表的杂志的级别不同而名流级别不同，从而也证实，像我们这些没有发表过作品的青年，统统属于“末流”。

幸而，我的一些文字在不知什么等级的刊物上发表了，也有人约稿，也有人约我参加知名或不知名的各类竞赛了。

第一次参加一场什么全国的诗歌大赛，作为我们这些末等的人，虽然我并不会写诗，虽然邀请信后照例附有携款若干到会的附言，还是觉得受宠若惊，四处凑借了一笔款项，兴冲冲地参加什么诗歌大赛去了。在会上，我才知道，所谓的诗歌大赛并不似我想象的那样；所谓的交流，就是大家在一起闲侃；所谓的研讨，就是请一两个名人来发一通不管适不适合的议论；所谓的竞赛，就是只要你参加，不管是诗歌会还是小说会，只要你有文章，不管写得好坏与否，都能得到一张金光闪闪的奖状。到参赛会结束时，不管是胖的诗人，还是瘦的诗人；不管是阳春白雪，还是下里巴人，大家握手道别时，每人捧着一个奖状，凯旋了。

中国的文化发展，有时就像三霄娘娘的混元金斗阵，真是变化很快。且不说文坛上的你追我赶，你领风骚我坐镇的局面，单就出版方面的改革，就是一场很大的变革。曾几何时，文人要自己掏钱出自己的书了。从古到今，家里有万贯家财是富翁的并不多，从著书的孔子、庄子到放荡的刘伶、阮籍，再到作诗的杜甫、写小说的曹雪芹……不是穷死就是饿死，这就是文人。

既然已经变革，大家谁又能改变得了呢？

对于现在我的家庭来说，父母亲能维持生计已属不错，哪里能有余款给我出书呢？当然，也有人说可以贷款出的，但对于一个末等青年，谁又敢借款给你去出书呢？中国的事情就是有些怪，有些人可以贷款去游山玩水，去豪嫖聚赌，去大吃大喝，修爷盖庙；也有人可以去搞什么蚂蚁跳舞、跳蚤组字之类的玩乐游戏，但对于我这个小小的青年，即使有很多正确的计划和要求，也只是一种无益的事罢了。

当然，对于我的私下经商，也是赌着气。想当初，别人能骗钱吃喝嫖赌，我为什么不能挣钱出自己的书？这又是我后来得到许多伤害和不幸的根源。

从一个只会写几个字的青年要变成一个精明刁顽的商贾，这并不是一个简单的改变。

我常常去一位地方上的“艺术家”家里。他的儿子竟当着我的面说：“你即使要骗人，也要骗得像，至少，得拿出‘经理’的‘派头’；身穿高档西服，腰挎大哥大、BP 机……”

但这种“派头”至今我也没有拿出来过。

接着逃去了若干的资本，溜走了若干的人员，我渐渐地向困境陷去。

我以为，此时才能体验到真正的人生，也能看清世人的真面目。

昔日很欢闹的朋友都很少来往了，除了几个债主经常来，家里死一样地寂静。我就在这困顿中消沉下去，凉下去……

每到灯下，寂寞和孤独向我袭来，当然，也有白天在外的屈辱、歧视、世态的炎凉在我脑海里闪现。于是，就在这污浊的泥土快要掩埋我的整个灵魂时，我不甘沉沦，不甘屈服。

于是我拿起笔，开始整理我这些杂感、散文和小说。曾将自己的文字拿给一位杂志的编辑看，他嫌我的文章 得太阴暗，将人与人之间的关系写得太冷漠。是牛 续写下去，给了我信心。当我在写作的领域出现迷 师给我正确的指点和引导。我感谢他们能在百 鼓励和帮助，感谢他们给我花的心血。同时 题词、题写书名的汪曾祺、李瑛、卢祖 也感谢给我极大鼓舞的冰心、萧乾、 等各位老师。在这里，我还要提到一位导师前辈，一位能和我忘年交的老朋友，这就是著名诗人、评论家胡征老师。是他，不顾年迈体衰，亲自给我改稿、寄信；是他，给我各方面的支持和鼓励。我深深地感谢他，同时，我还感谢给我改过稿的《飞天》杂志诗版主编李老乡、《延河》编审闻频、著名古典诗词专家林家英等。说真的，是他们，给了我精神上的支持和鼓励；是他们，给了我指导和帮助；也是他们，给了我重新拿起笔，重新写下去的勇气和信心。

这使我体会到，社会本就是沉渣的泥塘，有浮在上面的，也有沉在底下的，更有半浮半沉的。人生，就似飘浮的云，有厚有薄，有黑有白，有给人不幸的冰霜，也有给人以生命，给人以希望的春雨，组合起来就是一个人的全部。

欣喜的是这样多的伤害、痛苦、不幸、屈辱、人世的沧桑并没有使我厌世、沉沦，反而使我增添了活下去，写下去的信心。

这——就是我生命的路。

1996 年 3 月完稿

2016 年修改

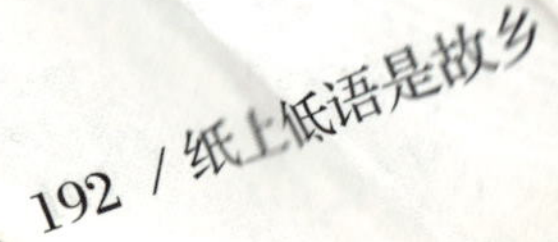

我还要提到一位导师前辈，一位能和我忘年交的老朋友，这就是著名诗人、评论家胡征老师。是他，不顾年迈体衰，亲自给我改稿、寄信；是他，给我各方面的支持和鼓励。我深深地感谢他，同时，我还感谢给我改过稿的《飞天》杂志诗版主编李老乡、《延河》编审闻频、著名古典诗词专家林家英等。说真的，是他们，给了我精神上的支持和鼓励；是他们，给了我指导和帮助；也是他们，给了我重新拿起笔，重新写下去的勇气和信心。

这使我体会到，社会本就是沉渣的泥塘，有浮在上面的，也有沉在底下的，更有半浮半沉的。人生，就似飘浮的云，有厚有薄，有黑有白，有给人不幸的冰霜，也有给人以生命，给人以希望的春雨，组合起来就是一个人的全部。

欣喜的是这样多的伤害、痛苦、不幸、屈辱、人世的沧桑并没有使我厌世、沉沦，反而使我增添了活下去，写下去的信心。

这——就是我生命的路。

1996 年 3 月完稿

2016 年修改

去游山玩水，去豪嫖聚赌，去大吃大喝，修爷盖庙；也有人可以去搞什么蚂蚁跳舞、跳蚤组字之类的玩乐游戏，但对于我这个小小的青年，即使有很多正确的计划和要求，也只是一种无益的事罢了。

当然，对于我的私下经商，也是赌着气。想当初，别人能骗钱吃喝嫖赌，我为什么不能挣钱出自己的书？这又是我后来得到许多伤害和不幸的根源。

从一个只会写几个字的青年要变成一个精明刁顽的商贾，这并不是一个简单的改变。

我常常去一位地方上的“艺术家”家里。他的儿子竟当着我的面说：

“你即使要骗人，也要骗得像，至少，得拿出‘经理’的‘派头’；身穿高档西服，腰挎大哥大、BP 机……”

但这种“派头”至今我也没有拿出来过。

接着逃去了若干的资本，溜走了若干的人员，我渐渐地向困境陷去。

我以为，此时才能体验到真正的人生，也能看清世人的真面目。

昔日很欢闹的朋友都很少来往了，除了几个债主经常来，家里死一样地寂静。我就在这困顿中消沉下去，凉下去……

每到灯下，寂寞和孤独向我袭来，当然，也有白天在外的屈辱、歧视、世态的炎凉在我脑海里闪现。于是，就在这污浊的泥土快要掩埋我的整个灵魂时，我不甘沉沦，不甘屈服。

于是我拿起笔，开始整理我这些杂感、散文和小说。记得我曾将自己的文字拿给一位杂志的编辑看，他嫌我的文章将这社会写得太阴暗，将人与人之间的关系写得太冷漠。是牛汗老师鼓励我继续写下去，给了我信心。当我在写作的领域出现迷惘时，是雷达老师给我正确的指点和引导。我感谢他们能在百忙中抽出时间给我以鼓励和帮助，感谢他们给我花的心血。同时，我也感谢给我的作品题词、题写书名的汪曾祺、李瑛、卢祖品、高平等各位老师；同时也感谢给我极大鼓舞的冰心、萧乾、钟敬文、袁鹰、屠岸、徐放、绿原等各位老师。在这里，

后　记

这几年突然特别多写乡愁的人。去年，我将我的一篇散文《新阳镇的一碗凉粉》发表在网站上。一位朋友看见后很不屑地说，你凑什么热闹。等我把我这篇文章的写作时间发给他时，他便再不吭声。他不屑的原因是以为我也是赶时髦的人，社会上热什么我就赶什么时髦。

事实并非如此。

从 30 多年前开始学习写文章，我写童年的和家乡的故事多些，这次只不过是把以前的文章翻检出来凑个热闹罢了。从另外一个角度也是给那些赶时髦的人重拳一击，所谓的赶时髦只不过拾了别人牙慧而已。当然这只能证明我做人上的促狭，但是与人品是无大碍的。

人生世事真是变化无常，真应了“三十年河东，三十年河西”这句话。以前，我这些所谓的写乡愁的文稿，拿出来，被所谓先锋派的文人贬斥为“土”，不能登大雅之堂。别人每天写些阳春白雪、时髦的小资情调的诗文，而你只写些乡村粗野的俚语，这正如别人当初时兴打领带穿西装，而我非要穿长袍马褂。

谁料想长袍马褂也有时髦的时候。

不知什么时候，人们又热衷于穿长袍马褂，开始穿汉服，演邵乐，当然野菜开始比满汉全席还吃香。于是，这乡愁的文章也吃香了，对于我，用做生意炒股票投机人的观点来说，逮了个正着。

于是，我开始翻检我旧时的这些作品，断断续续也就有这几十篇。当然从时间上看，这证明着我的懒惰。有30年前的作品，有最近写了从未发表的作品，集结起来大约就有60多篇。这也证明着我生命的路。

故乡山川永在游子心中，这是雷达老师的话，也代表着我们这些在外奔波了几十年游子的心声。那是二三十年前，家乡凤凰庙会的负责人找到我，委托我找雷达老师说家乡凤凰山要立碑，想请雷达老师题个词。当时雷达老师很忙，要我代拟几个供他参考。我挖空心思，用肚子里的所有墨水想了几个词语，什么真武照临、陇岳镇山之类文绉绉的话。雷达老师看了均不满意，最后，他说，就写一句话，代表游子的心声即可。这就是“故乡山川永在游子心中”这句话的由来。话是他说的，字是本地乡贤文人温子安老师写的书法墨迹。后来这碑立起来，后面长长地写了一大串立碑人的名字，都一一刻了上去。目前在家乡凤凰山山门上立着的贺敬之先生写的“凤凰山”三个字的碑文，是我从贺老那里要来的真迹，交给他们刻的碑。但是，奇怪的是，后面刻立碑人名单时，有出过力的，也有没出过力的，当然也有在地方势力大名头响而惹不起的闲人，总之相干和不相干的人都想上碑文留存后世而刻了上去，独没有我这个出过力的人的片言只语。也许，我这个人当初名不见经传，不值得别人注意，只给他人做了垫背而已。

雷达老师去世前的十多年，这凤山渭水让他魂牵梦绕，他离不开家乡的山山水水，大量的文字都记述了家乡的这一切。而我，这个凤山渭水养育的游子，又怎能把家乡的一切都抛弃，因此，在我的文章中，家乡的一切永远成了我忘不掉的话题。

小时的一切，每当闭上眼便历历在目。我儿时的伙伴如今也已是人到中年，文章中的狗蛋已经快当爷爷了，满头稀疏的白发证明着岁